Anselm Grün

365 x Gute Zeit für die Seele

Anselm Grün

365 x Gute Zeit für die Seele

Bilder & Gedanken

benno

DER BARMHERZIGE UND GUTE GOTT SEGNE DICH

Er umhülle dich mit seiner liebenden und heilenden Gegenwart.
Er sei mit dir, wenn du aufstehst und dich niederlegst.
Er sei bei dir, wenn du aus dem Haus gehst und wenn du wieder zurückkehrst.
Er sei mit dir, wenn du arbeitest. Er lasse dein Werk gelingen.
Er sei mit dir in jeder Begegnung und öffne dir die Augen für das Geheimnis,
das dir in jedem menschlichen Antlitz aufleuchtet.
Er behüte dich auf all deinen Wegen.
Er stütze dich, wenn du schwach wirst.
Er tröste dich, wenn du dich einsam fühlst.
Er richte dich auf, wenn du gefallen bist.
Er erfülle dich mit seiner Liebe, mit seiner Güte und Milde,
und er schenke dir inneren Frieden.
Das gewähre dir der gute Gott,
der Vater, der Sohn und der Heilige Geist. Amen

JANUAR Den Neuanfang wagen

FEBRUAR In der Liebe Gottes

MÄRZ Bewusst leben

APRIL Auferstehung des Lebens

MAI Quelle der Lebensfreude

JUNI Sehnsucht nach Leben

JULI Die Stille finden

AUGUST Ruhezeiten des Lebens

SEPTEMBER Die Sprache der Engel

OKTOBER In Dankbarkeit leben

NOVEMBER Der Himmel ist in Dir

DEZEMBER Zeichen der Hoffnung

DEN NEUANFANG WAGEN

Das Leben zwingt uns immer wieder, einen neuen Anfang zu wagen. Unsere eigene Geschichte ist voll von solchen Neuanfängen. Viele werden müde vom ständigen Neuanfang. Sie möchten gerne im Alten bleiben. Da braucht es Wagemut. Es ist der Mut, das Leben und mich selbst auf die Waage zu legen, ohne zu wissen, wie die Waage ausschlägt. Jeder Neuanfang ist also auch ein Risiko. Wir riskieren, dass er nicht so gelingt, wie wir es erhoffen. Doch ohne diesen Mut, etwas Neues zu riskieren, würde unser Leben langweilig. Es würde leere Routine.

JANUAR

JANUAR

1

Das deutsche Wort „anfangen“ kommt von anpacken, anfassen, in die Hand nehmen. Ich übernehme die Verantwortung für mein Leben. Ich gestalte es. Ich höre auf, darüber zu jammern, dass ich durch meine Erziehung oder durch meine Veranlagung festgelegt bin.

2

JANUAR

Aus jedem Material lässt sich eine schöne Figur formen: Aus Stein kann ich eine schöne Statue hauen, aus Holz eine schöne Figur schnitzen, aus Ton eine anziehende Form gestalten. Aber ich muss materialgerecht arbeiten.

JANUAR

3

Das Material ist meine Lebensgeschichte, es besteht aus meinen Stärken und Schwächen, meinen Erfahrungen von Geborgenheit und Selbstvertrauen und meinen Verletzungen und Kränkungen. Manchmal besteht mein Material auch aus einem Scherbenhaufen zerbrochener Lebensträume.

JANUAR

4

Aber selbst aus Scherben kann ich eine neue Vase zusammensetzen. Sie ist nicht mehr so perfekt wie die alte. Aber vielleicht sieht sie kreativer aus, bunter und lebendiger.

JANUAR

5

Die Steine, aus denen wir unseren Turm bauen sollen, sind die Erfahrungen unserer Lebensgeschichte. Der Turm steht für die menschliche Selbstwerdung. Er hat tiefe Fundamente in der Erde und ragt in den Himmel.

6

JANUAR

Er verbindet in uns Himmel und Erde. Und er ist rund. Das Runde rundet alles Kantige und Eckige ab. Es hält das Brüchige und Zerbrochene in uns zusammen.

JANUAR

7

Erst wenn ich das Vergangene bedacht habe und mich in das zukünftige Tun hineinmeditiert habe, werde ich die Steine meiner Lebensgeschichte in die Hand nehmen und sie so zusammensetzen, dass mein ganz persönlicher Turm herauskommt. Vor dem Tun steht also das Denken.

8

JANUAR

Ich denke über die Steine meiner Lebensgeschichte nach, um sie so zusammenzusetzen, dass meine einmalige Person sichtbar wird. Mein Turm muss nicht den anderen gleichen. Ich vergleiche meinen Turm nicht mit den anderen. Es kommt nicht darauf an, dass er möglichst hoch wird. Er soll meinem Wesen entsprechen.

JANUAR

9

Bedenken braucht Zeit. Es braucht das Sitzen, damit das Aufstehen sinnvoll wird. Und es bedarf der nötigen Kraft, um einen Anfang zu setzen, der zum Ziel führt.

10

JANUAR

Das Wort „beginnen" bedeutet ursprünglich „urbar machen". Jedes Beginnen ist ein mühsames Urbarmachen. Da erscheint mein Leben wie ein Land voller Disteln und Steine, von Gehölz und Unkraut übersät, chaotisch, unfreundlich.

JANUAR

11

Wenn ich es urbar machen will, muss ich mir erst einmal ein Feld abstecken. Ich kann nicht das ganze Land meines Lebens in einem Jahr urbar machen. Ich muss mich entscheiden, welches Stück meines Landes ich in diesem Jahr urbar machen möchte.

12

JANUAR

Und dann gehe ich daran, das Verwachsene auszureißen, damit mein Boden Frucht bringen kann, damit Neues darauf wachsen kann. Gott wird einen neuen Samen auf mein Feld legen. Meine Aufgabe besteht darin, es urbar zu machen, damit der Same aufgeht und Neues, Ungeahntes, Unerwartetes, Wunderbares in mir zur Blüte kommt.

JANUAR

13

Dieser Zauber des Anfangs fasziniert uns und motiviert uns, diesen Tag kraftvoll zu beginnen. Wir herrschen über den neuen Tag und über die Arbeit, die vor uns liegt. Wir leben selbst, statt gelebt zu werden. Wir werden zum Anführer des Lebens, statt irgendwelchen Erwartungen nachzulaufen.

14 JANUAR

Anfangen heißt: wieder Herr in meinem Leben werden, die Passivität aufgeben und aktiv werden. Und wenn ich aktiv werde, wächst mir auch eine Kraft zu. Dann lasse ich mich nicht mehr von denen beherrschen, die mich verletzt haben. Ich fange selbst an zu leben.

JANUAR

15

Ich entscheide mich, welche Erwartungen ich erfülle und welche nicht. Anfangen heißt: die Macht ausüben, die mir Gott zugedacht hat. Wir haben selbst die Macht, die Dinge anzupacken und anzugehen. Wir sind nicht Opfer der Lebensumstände, nicht Opfer der Erwartungen, die von außen auf uns eindringen. Wir haben die Macht, einen neuen Anfang zu setzen.

16 JANUAR

Es besteht eine Wechselwirkung zwischen Kraft und Anfangen. Indem ich es wage anzufangen, wächst mir auch die alte Kraft wieder zu. Und umgekehrt: Wenn ich die alte Kraft in mir wieder spüre, bekomme ich Mut anzufangen. Ich kann nicht warten, bis die alte Kraft in ihrer Fülle wieder in mir ist.

JANUAR

17

Ich ahne die Kraft, fange an, und im Anfangen wird die Kraft stärker. Dieses Vertrauen wollen uns die alten Griechen mit ihrer Erfahrung des Anfangs wecken, die sie in ihrem Wort von „archein“ und seinen Bedeutungen „anfangen“ und „herrschen“ auch für uns heute festgehalten haben.

18 JANUAR

Einen neuen Anfang wagen, das hat vor dem Hintergrund der biblischen Aussagen zwei Bedeutungen. Einmal heißt es für mich, dass das Neue schon in mir ist. In mir ist der Geist Gottes, der mich in jedem Augenblick erneuert und Neues in mir bewirkt. Wenn ich in der Stille in mich hineinhorche, dann ahne ich, was da an Möglichkeiten in mir aufbricht.

JANUAR

19

Da tauchen neue Ideen auf, die Ahnung, Neues zu wagen, neue Verhaltensweisen einzuüben. Ich muss nicht alles neu machen, ich soll vielmehr dem Neuen trauen, das schon in mir ist. Es braucht Achtsamkeit, damit das Neue, das Gott in jedem Augenblick in mir wirkt, auch wachsen und Gestalt annehmen kann.

20 JANUAR

Zum anderen bedeutet für mich ein Neuanfang, dass ich das, was in mir ist, auch in mein Denken, mein Sprechen und mein Verhalten hineinfließen lasse. Einen neuen Anfang setzen heißt: Ich versuche, mir neue Gedanken über mein Leben zu machen, auf neue Weise über mich und über das Leben zu sprechen und auch auf neue Weise mit den Menschen umzugehen.

JANUAR

21

Gott ist der ewig Neue. Und Gott schenkt uns durch Jesus Christus seinen Heiligen Geist, der uns ständig erneuert. In uns ist die Quelle des Heiligen Geistes. Und diese Quelle ist ein Brunnen ewiger Neuheit.

22

JANUAR

Gott ist der ewig Neue. Gott schafft in uns alles neu. Diese Gewissheit hat den Jüngern Jesu den Mut geschenkt, Neues zu wagen, aus ihrem engen Umfeld in Galiläa auszubrechen und der Welt die neue Botschaft vom Reich Gottes zu verkünden, das in Jesus Christus unter uns gegenwärtig ist.

JANUAR

23

Für mich liegt darin eine starke Ermutigung. Ich soll aufhören, darüber zu jammern, dass mein Leben brüchig ist, dass ich in der Vergangenheit zu kurz gekommen bin. Das mag alles gewesen sein. Aber es gibt in mir den Heiligen Geist, der alles neu macht. Das heißt nicht, dass ich meine Vergangenheit verdränge. Aber in das Material, das die Vergangenheit in mir geprägt hat, vermag der Heilige Geist das Neue hineinzufügen.

24 JANUAR

Gott verleiht uns immer neue Kraft. Sie zeigt sich in der Jugendlichkeit des alten Menschen. Das Neue in uns ist wie ein Adlerflügel, der uns emporhebt und mit Leichtigkeit neue Wege erproben lässt. Indem wir diese Worte in unser Herz fallen lassen, bringen sie uns in Berührung mit dem Neuen und Jugendlichen, mit den Adlerflügeln, die wir alle in uns tragen.

JANUAR

25

Es ist nicht so entscheidend, ob wir gerecht sind, ob wir alles richtig gemacht haben. Es kommt darauf an, dass wir Gott eine Chance geben. Und Gott kann unser Leben in jedem Augenblick erneuern. Wenn wir auf Gott schauen und nicht auf unsere eigene Gerechtigkeit, dann sind wir frei, neu zu beginnen.

26 JANUAR

Glauben bedeutet, immer wieder neu anfangen, immer wieder einen neuen Anfang wagen. Denn Gott ist der Gott der Zukunft, der uns hineinführen möchte in das Land, in dem wir ganz wir selbst sind. Aber so wie Gott immer auch der Unbekannte und Unbegreifliche ist, so ist die Zukunft, die vor uns liegt, eben auch kaum greifbar.

JANUAR

27

Wenn wir ausziehen und neu anfangen, wissen wir oft nicht, was dabei herauskommt. Es ist immer ein Wagnis, das wir eingehen. Und es braucht das Vertrauen, dass Gott uns begleitet auf diesem Weg. Gottes Segen geht mit uns, sodass wir auf dem Weg des Glaubens und Neuanfangs selbst zum Segen werden für andere.

28 JANUAR

So ziehen wir gleichsam in jedem Augenblick aus dem Sichtbaren aus, um uns auf den Weg zur unsichtbaren, zur himmlischen Heimat zu machen. Der Glaube hält uns lebendig. Er lädt uns ein, immer wieder neu anzufangen und uns nie zufriedenzugeben mit dem Erreichten. Denn Gott, den wir erreichen wollen, ist der Unerreichbare und Unbegreifliche, auf den hin wir auf dem Weg sind.

JANUAR

29

Verwandlung meint, dass Gott an mir den neuen Anfang setzt. Meine Aufgabe ist es nicht, alles anders zu machen, mich selbst zu einem anderen zu machen. Vielmehr ist dies meine Aufgabe: meine Wirklichkeit, so wie sie ist, Gott hinzuhalten in dem Vertrauen, dass sein Geist alles in mir durchdringt und mich immer mehr in das Bild hineinformt, das er sich von mir gedacht hat.

30

JANUAR

Es muss nicht immer ein äußerer Neuanfang sein. Manchmal genügt es auch, damit anzufangen, mein Leben mit neuen Augen anzuschauen und ganz neu Ja zu sagen zu dem Leben, das ich führe.

JANUAR

31

Schauen Sie auf das unberührte Schneefeld des neuen Tages, der vor Ihnen liegt. Und dann spüren Sie in sich hinein, welche Spur Sie heute in diesen Neuschnee eingraben möchten. Wenn Sie jeden Morgen als Neuanfang verstehen, dann wird sich Ihr Leben verwandeln. Sie brauchen dann gar nicht mehr so viele gute Vorsätze.

FEBRUAR

IN DER LIEBE GOTTES

Mit der Liebe kommt man nie zu Ende. Das gilt für die reale Liebe, von der Paulus sagt: „Die Liebe hört niemals auf" (Erster Korintherbrief 13,8). Das gilt aber auch von den Gedanken über die Liebe. Immer wieder kann man von Neuem das Geheimnis der Liebe bedenken … und man denkt es doch nie zu Ende. Wir berühren immer nur einen Zipfel der Liebe, wenn wir über sie reflektieren. Das Geheimnis der Liebe als Ganzes begreifen wir wohl nie. Erst im Tod wird uns das Geheimnis der Liebe aufgehen, wenn wir in die Liebe Gottes hineinsterben.

FEBRUAR

1

Was Liebe ist,
weiß jeder von uns.
Wir möchten und
wünschen uns, dass
unsere Liebe gelingt,
dass wir sie weiterge-
ben und sie den
Menschen guttut.
In unserem Wissen
um die Liebe kennen
wir so auch die Sorge
um unsere Liebe.

2 FEBRUAR

Ohne Liebe ist der Mensch ein Engel mit nur einem Flügel. Mit einem Flügel kann man nicht fliegen. Wir brauchen einen anderen Flügel. Und den bekommen wir, wenn uns ein Mensch umarmt, der uns liebt. Indem der Liebende uns umarmt, vermögen wir zu fliegen.

FEBRUAR

3

Die Bindung an einen Menschen in der Liebe befähigt einen Menschen, in sich selbst verbunden zu sein. Sie hilft ihm, all das Widerstrebende und Auseinanderdriftende miteinander zu verbinden, sodass er ganz wird und nicht mehr auseinanderfällt.

4 FEBRUAR

Die Bindung ermöglicht echte Menschwerdung. Ich finde meine Identität nur, wenn ich eine Bindung mit mir selbst und mit den anderen eingehe. Die Angst vor Bindung ist häufig auch Angst vor Menschwerdung.

FEBRUAR

5

Wenn wir einander lieben, dann entstehen in unserer Seele viele innere Verbindungen, dann verbinden sich unsere Gefühle, unsere Sehnsüchte, unsere Gedanken, unsere Körper, unsere Seelen, unsere Herzen.

6 FEBRUAR

In der Liebe habe ich das Vertrauen zum anderen, dass es sich lohnt, miteinander alt zu werden. Das bedeutet nicht, dass unser Weg ohne Konflikte sein wird. Aber wir vertrauen darauf, dass wir uns auf unserem Weg gegenseitig stützen.

FEBRUAR

7

Wir hoffen, dass
wir uns mit unserer
Liebe bereichern und
dass einer für den
anderen da sein wird,
wenn sein Leben
durch Krankheit oder
Krisen schwierig wird.
Wir vertrauen darauf,
dass wir miteinander
unseren Weg gehen,
auch im Alter, wenn
die Attraktivität des
anderen nachlässt
oder wenn einer
eventuell durch
Krankheit geschwächt
wird.

8

FEBRUAR

Die Liebe ist die Verheißung, dass wir bei aller Undurchschaubarkeit des Lebens gemeinsam einen Weg gehen können. Und weil wir ihn gemeinsam gehen, ist dieser Weg in dieser unruhigen Welt eine Oase des Friedens, des Sinns der Hoffnung, des Vertrauens und der Liebe.

FEBRUAR

9

Die Liebe kann zu allem stehen – auch zu möglichen Schwierigkeiten. Sie sieht nicht nur hinein, sie sieht auf den Grund des Herzens. Und auf dem Grund des Herzens, in der Tiefe meiner Seele, da ist alles gut. Es ist, was es ist. Und es darf so sein.

10 FEBRUAR

Die Liebe krönt das Leben. Ohne Liebe ist das Leben wertlos. Die Liebe schmückt das Leben, sie gibt ihm Schönheit und Würde. Aber sie ist auch ruhelos. Sie treibt uns immer weiter: durch Höhen und Tiefen, durch beglückende und schmerzliche Augenblicke, durch Sonnenschein und Regen.

FEBRUAR

11

Nur wer Ja sagt zu dieser rastlosen Liebe, kann in seinem Leben die Freude erfahren, die ihm die Liebe schenkt. Und er wird auf dem Weg der Liebe immer wieder die Erfahrung des Glücks machen. Aber dieses Glück kann man nicht festhalten. Es ist ein Glück ohne Ruhe.

12

FEBRUAR

Wer der Liebe traut – die uns immer weiterführt, die uns immer wieder neu auf den anderen zugehen lässt und gemeinsam neue Wege weist –, der wird auf diesem Weg Glück erfahren und die „Krone des Lebens“ erreichen.

FEBRUAR

13

Wir werden am Ende sagen können: Unser Leben ist gelungen. Die Liebe hat unser Leben gekrönt. Wir spüren das Geheimnis unseres Menschseins und das Geheimnis der Liebe, die uns unsere wahre Würde als Mensch verleiht.

14

FEBRUAR

Wer von jener Liebe erfüllt ist, die Gott ihm schenkt, der erfährt einen neuen Geschmack in seinem Leben. Die Liebe ist eine bereichernde Gabe Gottes. Sie ist in uns wie eine Quelle, die nie versiegt, weil sie göttlich ist. Gott selbst ist Liebe. Und in der Quelle der Liebe ist Gott selbst in uns anwesend.

FEBRUAR

15

Wenn wir dieser Liebe in uns Raum geben, dann erfahren wir selbst ihre heilsame Macht. Die Liebe macht uns langmütig. Wir regen uns nicht ständig über Kleinigkeiten auf, etwa über die Art und Weise, wie der andere seine Zähne putzt oder wie er isst. Die Liebe sieht über all das hinweg. Sie weitet unser Herz. Und für ein weites Herz spielen diese alltäglichen Kleinigkeiten keine Rolle.

16 FEBRUAR

Die Liebe ist gütig. Sie macht uns gut und sie sieht auch das Gute im anderen. Und so weckt sie das Gute im geliebten Menschen. Wer die Quelle der Liebe in sich spürt, der ist frei von allem Druck, sich vor dem anderen beweisen, sich besonders gut darstellen oder sich vor dem anderen aufblähen zu müssen.

FEBRUAR

17

Und sie strömt zum anderen hin und freut sich an ihm. Sie erwartet nichts vom anderen, sie strömt ihm einfach entgegen. Und von ihm strömt sie wieder auf mich zurück. So beschenkt mich die Liebe, ohne dass ich dem anderen vorschreibe, wie er mich zu lieben hat.

18 FEBRUAR

Wenn wir die Liebe in uns zulassen und wenn wir der Quelle der Liebe in uns trauen, dann befähigt die Liebe uns dazu, den anderen anzunehmen, schwierige Situationen zu ertragen und allem standzuhalten. Die Liebe befähigt uns, an den guten Kern im anderen zu glauben.

FEBRUAR

19

Wenn wir der Macht der Liebe vertrauen, dann wird unser Leben anders, dann wird unsere gemeinsame Liebe gelingen. Wir dürfen darauf hoffen, dass in uns eine Quelle der Liebe ist, die nie versiegt, weil sie göttlich ist. Und aus dieser Liebe heraus werden wir immer schöpfen können – auch dann, wenn unsere Gefühle von Liebe zu versiegen drohen oder am Ende sind.

20 FEBRUAR

Die Liebe, die wir in uns spüren, ist so groß und weit wie die Welt. Sie umfasst alles, was ist. Sie wohnt in jedem Gras, in jedem Stein, in jedem Tier, in jedem Menschen. Die Liebe verbindet mich mit allem, sie lässt alles mit mir eins werden. Die Liebe nimmt die Dinge der Welt in mich selbst hinein. Wir können durch sie ein Einssein verspüren.

FEBRUAR

21

Es ist immer ein Geschenk, wenn Liebe möglich ist, die unsere Bedürftigkeit stillt. Es versteht sich nicht von selbst, dass wir immer genügend Brot und Wein zur Verfügung haben. Und ebenso wenig ist es selbstverständlich, dass der andere für uns da ist, wenn wir uns brauchen, dass wir uns in der Liebe gegenseitig immer stützen und unsere Bedürfnisse gegenseitig erfüllen können.

22 FEBRUAR

Die Liebe ist stärker als der Tod – das ist das Geheimnis der Auferstehung Jesu und unserer Auferstehung. Wir werden nicht aus der Liebe Gottes herausfallen. Aber wir werden auch nicht aus der Liebe eines Menschen herausfallen. In jeder Liebe steckt ein Keim der Ewigkeit.

FEBRUAR

23

Die Liebe soll wie ein wogendes Meer zwischen den Ufern unserer Seelen sein. Das Meer wogt hin und her und berührt immer wieder die Ufer. Jeder Mensch scheint unendlich zu sein. So ist auch die Liebe wie ein Meer, das immer wieder von Neuem zwischen uns hin und her wogt, das uns auf seinen Wellen trägt und das uns dabei auf und nieder hebt.

24 FEBRUAR

Das Meer ist immer lebendig. So bleibt eine Liebe, die dem wogenden Meer gleicht, immer voller Leben. Aber wir können uns in dieser Liebe auch nie ausruhen. Sie geht immer weiter. Sie nimmt uns mit auf ihre Wogen, damit wir uns von ihren Wogen tragen lassen.

FEBRUAR

25

Die Liebe will uns nicht einengen, sondern gerade in der Bindung den Raum schenken, in dem wir wachsen können. Für das Wachsen braucht jeder seinen eigenen Raum. Aber er braucht auch die Berührung des anderen, er braucht die Liebe, die gleichsam den Boden düngt, damit der Baum wachsen kann.

26

FEBRUAR

Ohne Liebe wachsen die Bäume nicht. Und die Liebe sehnt sich immer wieder nach Umarmung. Umarmen und sich frei lassen, davon lebt die Liebe. Das schafft den Raum, in dem die Liebenden wachsen können.

FEBRUAR

27

Das Geheimnis der Liebe ist, dass ich dann, wenn ich mit dem anderen eins werde, auch mit mir selbst eins werde. Und das ist ein Gottesbeweis. Es ist ein Beweis, dass es eine Liebe gibt, die größer ist als wir selbst. Diese entreißt uns unserer eigenen Enge, um uns eins werden zu lassen mit dem anderen – und darin mit uns selbst und letztlich mit Gott, dem Grund unserer Liebe, dem Schöpfer dieser beiden Personen, die in der Liebe eins werden.

28 FEBRUAR

Die Ekstase, in der ich in der Liebe mich selbst vergesse, um ganz beim anderen zu sein, öffnet mich zugleich für Gott. Mit Gott eins werden vermag ich auch nur dann, wenn ich mich selbst vergesse, wenn ich mich ganz und gar Gott hingebe. Dieses Hingeben kann ich nicht mit meinem Willen bewirken. Es geschieht manchmal.

FEBRUAR

29

Die Erfahrung der Liebe verweist uns dann auch auf andere Erfahrungen, in denen wir dieses Einssein mit Gott erleben: etwa in der Stille einer Meditation oder bei einem Sonnenuntergang, bei dem wir nur staunend schauen und im Schauen uns selbst ganz vergessen. Wir reflektieren dann nicht über den Sonnenuntergang. Wir sind in ihm.

BEWUSST LEBEN

Die Fastenzeit lädt uns ein, unser Leben besser zu leben als sonst. Der hl. Benedikt mahnt seine Mönche, dass sie in den Tagen der Fastenzeit „ihr Leben in lauterer Reinheit bewahren und in diesen heiligen Tagen die Nachlässigkeiten anderer Zeiten tilgen" (RB 49, 24 f.).
Die frühe Kirche hat die Fastenzeit als Geschenk Gottes erlebt. Wir sind nicht einfach dem Negativen ausgesetzt. Wir können unser Leben verbessern. Es liegt auch an uns, ob wir unser Leben selbst in die Hand nehmen und es so gestalten, wie es unserem Wesen entspricht.

MÄRZ

MÄRZ

1

Buße kann von der ursprünglichen Bedeutung her auch „Heilung“ bedeuten. Die Fastenzeit soll die Wunden heilen, die uns die Nachlässigkeit, das unbewusste Dahinleben und das Sichtreibenlassen während des Jahres geschlagen haben. Es ist also eine heilsame Zeit, zu der uns die Liturgie am Aschermittwoch einlädt.

2 MÄRZ

Das Fasten soll uns nach dem Willen Jesu mit dem in Berührung bringen, was in uns verborgen ist. Im Fasten werden wir konfrontiert mit den Emotionen, die wir oft genug durch Essen zugestopft haben. Wir begegnen unseren Enttäuschungen, unseren verdrängten Bedürfnissen und unserer inneren Zerrissenheit.

MÄRZ

3

Jesus fordert uns auf, beim Fasten unser Haar zu salben und das Gesicht zu waschen. Man darf nicht mit Verbissenheit und Bitterkeit fasten. Sonst schadet es uns eher. Fasten will die innere Schönheit in uns aufdecken. Fasten soll uns guttun.

4

MÄRZ

Indem wir das, was in uns verborgen ist, Gott hinhalten, dürfen wir Heilung unserer Wunden erhoffen. Gott selbst wird in das Verborgene unseres Herzens einziehen, um darin zu wohnen. Dort, wo Gott in uns wohnt, sind wir schon heil und ganz.

MÄRZ

5

Das Fasten macht uns sensibler. Sie erfahren sich im Leib bewusster. Das Fasten öffnet Ihre Sinne. Sie riechen besser, Sie hören klarer. Sie nehmen mit Ihrer Haut den Lufthauch wahr, und Ihre Hände werden sensibler für das, was Sie berühren. Sie fühlen sich innerlich freier und auch schöner.

6 MÄRZ

Der Mensch kommt mit seiner Seele in Berührung. Er spürt, dass sein Leib durchlässig wird für die Seele. Augustinus meint, wir sollten im Fasten den Leib für die Auferstehung bereiten. Wir sollten also fastend die Würde unseres Leibes erfahren, der für die Auferstehung bestimmt ist.

MÄRZ

7

Jesus verbindet das Fasten mit dem Beten und Almosengeben. Das Fasten will unser Beten unterstützen. Wer fastet, kann wacher und intensiver beten. Vor allem aber vertieft das Fasten unser Gebet für andere.

8

MÄRZ

Im Fasten sollen wir alles, was in uns auftaucht, in die Liebe Gottes halten, damit wir als Menschen mit Leib und Seele, mit Fleisch und Blut Gott dienen.

MÄRZ

9

Die erste Versuchung besteht darin, die Steine in Brot zu verwandeln. Alles soll unserem Konsum dienen. Die Steine stehen nicht nur für das Harte, sondern auch für das Heilige. Es gab in der Antike heilige Steine. Auch das Heilige soll uns etwas bringen. Wir möchten über alles verfügen. Alles hat uns zu dienen. Jesus wehrt die Versuchung ab, indem er auf das Wort Gottes verweist, das uns wahrhaft nährt.

10

MÄRZ

Die zweite Versuchung ist die, Gott für sich zu benutzen. Der Satan führt Jesus auf den Tempel, dass er sich herunterstürze. Die Engel Gottes werden ihn ja auf Händen tragen. Viele spirituelle Menschen erliegen dieser Versuchung, indem sie Gottes Geist für sich beanspruchen und sich selbst damit aufblähen. Sie halten sich für etwas Besonderes und stellen sich über die anderen.

MÄRZ

11

Die dritte Versuchung ist die der Macht und des Besitzes. Der Satan bietet Jesus alle Reiche der Welt mit ihrer Pracht an, doch um den Preis, dass er vor ihm niederfällt. Wir zahlen oft einen hohen Preis, wenn es uns nur um Macht und Besitz geht. Wir verfallen ihnen, wir beten einen Götzen an und verlieren dabei die eigene Würde.

12

MÄRZ

Versuchungen gehören zu unserem Leben. Das wirst du in der Fastenzeit hautnah erleben. Wenn dir aus der Küche der gute Geruch von Essen entgegenströmt oder wenn du Freunde beim Weintrinken siehst, wirst du die Versuchung spüren, deine Vorsätze aufzugeben.

MÄRZ

13

Am zweiten Fastensonntag steht die Verklärung Jesu im Mittelpunkt. Auf den Berg der Versuchung folgt der Berg der Verklärung. Die Liturgie zeigt uns in der Verklärung das Ziel der Fastenzeit. Durch das Fasten soll auch unser Leib verklärt werden. Es soll sich etwas in uns klären, klarer, durchsichtiger, reiner werden. In der Verklärung wird das eigentliche Bild, unser eigentliches Bild sichtbar.

14 MÄRZ

Im Gebet kommen wir in Berührung mit unserem wahren Kern, mit dem einmaligen und ursprünglichen Bild, das Gott jedem von uns eingeprägt hat. Dieses göttliche Bild in uns ist oft genug verstellt von unseren eigenen Bildern, vom Bild unseres Ehrgeizes, vom Bild unserer Größenfantasien oder vom Bild unserer Selbstentwertung.

MÄRZ

15

Im Gebet sollen diese selbst gemachten Bilder abfallen, damit das Ursprüngliche in uns aufleuchtet. Wenn wir unser Beten mit dem Fasten verbinden, dürfen wir manchmal eine ähnliche Erfahrung machen. Auf einmal werden unsere Augen heller und wir fühlen uns leuchtender als sonst.

16

MÄRZ

Das Ziel der Fastenzeit ist es, dass unser Leben wieder in Ordnung kommt und dass wir innerlich frei werden von allen Abhängigkeiten. Und das Ziel ist, dass wir unsere prophetische Sendung erkennen, dass wir das einmalige Wort, das Gott nur in uns spricht, in dieser Welt vernehmbar werden lassen.

MÄRZ

17

Halte in diesen Tagen öfter einmal inne und spüre deinem inneren Wesen nach. Wenn du mit dir selbst in Berührung kommst, dann wirst du auch deine innere Schönheit erkennen. Dann verklärt sich dein Blick, dann wird in dir alles klar. Du spürst, du bist ganz du selbst. Und du bist dankbar, auf deine persönliche Weise Gottes Schönheit in dieser Welt widerzuspiegeln.

18 MÄRZ

Die Fastenzeit ist dazu da, unser inneres Haus zu reinigen, damit Christus darin einziehen kann. Es ist die Zeit des Frühjahrsputzes. Bei der Reinigung unseres inneren Seelenhauses hilft es auch, unser äußeres Haus von allerlei Gerümpel und überflüssigem Ballast zu befreien.

MÄRZ

19

Achte in diesen Tagen einmal bewusst auf dein Sehen. Was nimmst du wahr? Was ist die eigentliche Wirklichkeit? Versuche, mitten in deinen Schwächen den guten Kern in dir zu sehen. Und schau auch auf die Mitmenschen mit Augen des Glaubens, die hinter der oft brüchigen Fassade die innere Schönheit erkennen, die an Christus in jedem Bruder und jeder Schwester glauben.

20

MÄRZ

Jede Zeit des Fastens ruft uns auf umzukehren und den richtigen Weg zu beschreiten. Der Aufruf zur Umkehr setzt voraus, dass wir falsche Wege gehen, Wege, die uns in die Irre führen. Daher müssen wir kehrtmachen, zurückgehen, um den Weg zu entdecken, der uns zum Ziel führt.

MÄRZ

21

Umkehren heißt nach dem Gleichnis vom verlorenen Sohn, zu sich selbst kommen, bei sich selbst einkehren. Die Umkehr setzt die Einkehr voraus. Die Einkehr in meinem Innern gibt mir Mut aufzustehen, den Aufstand zu wagen gegen eine Lebensweise, bei der ich mich immer mehr verliere und mich von meinem Wesen entfremde.

22

MÄRZ

Und umkehren heißt: die Wegrichtung ändern, nicht mehr in die Irre gehen, sondern sich auf den Weg zu machen in das Haus, in dem ich wahrhaft zu Hause bin. Die Umkehr zielt auf die Heimkehr. Im Haus der Vaters finde ich Heimat. Wie der verlorene Sohn darf ich gewiss sein, dass mich der barmherzige Vater liebevoll empfängt. Er wird mir keine Vorwürfe machen. Er wird vielmehr ein Fest der Freude feiern.

MÄRZ

23

Das Fasten ist für die Mönche nicht etwas Negatives, es atmet nicht so sehr den Geruch ernster Askese, sondern vielmehr den der Freude. Es lässt uns teilhaben an den himmlischen Freuden. Es versetzt uns jetzt schon in das Paradies, wo wir mit den Engeln unmittelbaren Kontakt zu Gott haben.

24 MÄRZ

Im Fasten haftet der Mönch nicht mehr am Irdischen. Er löst sich von allen Begierden und vom rein materiellen Streben. Er bekommt immer mehr Geschmack an Gott. Er erfährt die Wahrheit von Jesu Worten, dass der Mensch nicht allein vom Brot lebt, sondern von jedem Wort, das aus dem Munde Gottes kommt.

MÄRZ

25

Fasten ist für den Mönch ein Weg zu einem Leben, das ganz auf Gott ausgerichtet ist, zu einem beständigen Wandel in der Gegenwart Gottes und zu einem vertrauten Umgang mit Gott, zur Erfahrung, dass das Reich Gottes bereits in uns ist und dass wir hier und jetzt bereits teilhaben am neuen Leben der Auferstehung.

26

MÄRZ

Mit seinem Fasten bezeugt der Mönch dieses neue Leben der Auferstehung. Es bleibt keine fromme Illusion, mit der er sich selbst etwas vormacht, sondern es wird zu einer wirkkräftigen Realität, dass sie in seinem Fasten leiblichen Ausdruck findet. Wer zu fasten beginnt, der erfährt zunächst die Gebrochenheit seiner Existenz, er spürt die Beschwerden, das Hungergefühl, vielleicht Kopfweh und Schwäche.

MÄRZ

27

Doch wer sich von diesen Erfahrungen nicht abschrecken lässt, kann mit der Zeit immer mehr die beglückende Seite des Fastens erleben, dass das Fasten ihn befreit von der Herrschaft der Begierden, dass es ihn geistiger und wacher macht und dass es ihn für die Wirklichkeit Gottes öffnet, für das neue Leben in ihm, das in der Auferstehung Christi jetzt schon für uns aufgebrochen und gegenwärtig ist.

28 MÄRZ

Fasten ist nicht Selbstzweck. Bei der Wiederentdeckung dieser lange verschütteten Praxis hat man es manchmal zu absolut gesetzt. Doch Fasten ist ein bewährtes Mittel geistlicher Askese, das uns zusammen mit Gebet und Almosen in die richtige Haltung Gott und den Menschen gegenüber bringen kann.

MÄRZ

29

Entscheidend für das richtige Verständnis des Fastens ist es, dass es nicht so isoliert gesehen wird, sondern in Verbindung vor allem mit dem Gebet. Fasten ist Beten mit Leib und Seele. Fasten zeigt, dass unsere Frömmigkeit leibhaft werden, dass sie Fleisch annehmen muss, so wie das Wort Gottes in Jesus Christus Fleisch angenommen hat.

30 MÄRZ

Das Beten wird Fleisch, es erfasst auch unseren Leib, wenn es sich im Fasten ausdrückt. Dann ist unsere Gottesbeziehung nicht mehr bloß im Kopf, dann sagen wir Gott nicht mehr nur fromme Worte, sondern dann bekennen wir ihm mit unserem Leib, dass wir uns nach ihm sehnen, dass wir ohne ihn leer sind, dass wir angewiesen sind auf seine Gnade, dass wir von seiner Liebe leben.

MÄRZ

31

So verwirklichen wir im Fasten unsere Existenz als Geschöpfe, die von Gottes Hand geschaffen erst in Gott wieder ihre Erfüllung finden, die nicht bei den Gaben stehen bleiben, sondern den Geber selbst anstreben als das Ziel ihrer Sehnsucht. Mit Leib und Seele strecken wir uns im Fasten nach Gott aus, mit Leib und Seele beten wir ihn an.

APRIL

AUFERSTEHUNG DES LEBENS

Der Auferstehungsweg, den wir in den 50 Tagen der Osterzeit gehen, ist ein Weg in immer größere Lebendigkeit, Freiheit und Freude hinein. Es ist ein Weg der Menschwerdung, den wir da feiern. Und indem wir ihn feiern, sollen wir immer mehr in Berührung kommen mit den Möglichkeiten, die Gott uns geschenkt hat. Den Weg der Auferstehung gehen, das heißt, dass wir uns frei gehen von allem, was uns am Leben hindert, dass wir ausschreiten, um die Weite und Freiheit des Lebens zu erfahren.

APRIL

1

Am Palmsonntag beginnt die Karwoche, in der uns das Leiden Jesu vor Augen geführt wird, damit wir das eigene Leid und die vielen Nöte unserer Welt nicht verdrängen. Wir meditieren die Passion Jesu, damit wir uns in unserer Passion nicht alleine fühlen, sondern mit Jesus einen Weg finden, sie zu bestehen.

2

APRIL

Der Einzug Jesu zeigt uns, in welchem Licht wir die Passion Jesu lesen und meditieren sollen. In seiner Passion bringt Jesus den Frieden, der in seiner Geburt aufgeleuchtet ist, in alle Bereiche des menschlichen Lebens hinein, selbst in die größte Feindschaft, selbst in die Herzen seiner Mörder. So gibt es nichts mehr zwischen Himmel und Erde, das nicht von seinem Frieden erfüllt wird.

APRIL

3

Jesus möge in seiner Passion alles in dir mit seiner Liebe durchdringen, deine Angst und Ohnmacht, deine Verzweiflung und Depression, deine Einsamkeit und dein Gefühl von Verlassenheit und Unverstandensein. Ich wünsche dir den Glauben, dass es seit der Passion Jesu Christi nichts mehr in dir gibt, das nicht vom Frieden Jesu Christi verwandelt werden kann.

4

APRIL

In der Fußwaschung gipfelt das Tun Jesu an seinen Jüngern. Durch seine Worte und durch sein Tun hat Jesus die Jünger innerlich gereinigt. Sie kamen durch ihn in Berührung mit dem wahren Wesen. Im Tod beugt er sich bis zu ihren Füßen hinab. An den Füßen machen wir uns immer wieder schmutzig. Daher braucht es zur vollständigen Reinigung die Fußwaschung.

APRIL

5

Doch die Fußwaschung Jesu ist nicht nur Bild für seine vollendete Liebe, die im Kreuz für uns am deutlichsten aufleuchtet. Vielmehr ist sie für uns ein Ansporn, genauso wie Jesus zu handeln, einander die Füße zu waschen, einander zu heilen und zu dienen.

6

APRIL

Stehe in der Nacht des Gründonnerstags bewusst einmal auf, um in die nächtliche Anbetung in der Kirche zu gehen oder um in deinem eigenen Zimmer zu meditieren. Versuche, mit Jesus zu wachen und im Blick auf ihn, der für dich den Weg ans Kreuz geht, dein eigenes Leben und das Leben all derer zu bedenken, die dir am Herzen liegen.

APRIL

7

Im Kreuz ist alles Leid der Welt verwandelt worden. Es gibt nichts mehr, was uns von Gott zu trennen vermag. Am Kreuz verehren wir die Liebe Jesu, mit der er uns bis zur Vollendung geliebt hat. Ein Antifon besingt das Kreuz mit den Worten: „Denn siehe, durch das Holz des Kreuzes kam Freude in alle Welt.“ Durch das Kreuz dringt die Freude Jesu in alle Bereiche unseres Lebens, selbst bis in die tiefste Dunkelheit der Depression.

8 APRIL

Am Karfreitag lädt uns die Kirche ein zu fasten. Es soll ein Tag sein, an dem wir nicht nur die Liturgie besuchen, sondern auch daheim unser Leben vom Geheimnis des Kreuzes prägen lassen. Der Karfreitag konfrontiert uns mit dem eigenen Leid, damit wir uns aussöhnen mit dem, was uns durchkreuzt.

APRIL

9

Für mich gehört es zum Ritual des Karfreitags, Teile aus der Matthäuspassion von Bach zu hören und mich so in das Geheimnis des Kreuzes hineinzumeditieren. Nimm ihn bewusst als Tag des Schweigens und Fastens, als Tag, an dem du dir Zeit nimmst für die Mediation und für das Lesen, damit du dich angesichts des Kreuzes Jesu bedingungslos geliebt weißt und deine Angst verlierst vor dem, was dich durchkreuzen könnte.

10 APRIL

Wir begehen den Karsamstag in aller Stille, um uns der eigenen Grabessituation zu stellen. Grab, das ist ein Bild für das Schattenreich unserer Seele, für alles, was wir vom Leben ausgeschlossen haben, für unsere Schattenseiten, die wir nicht wahrhaben wollen.

APRIL

11

Jesus will in seinem Tod alles Schattenhafte in uns erhellen, damit wir als ganze Menschen mit ihm auferstehen können. Das Grab steht auch für unsere Gottesferne, die immer wieder nach uns greift. Der Karsamstag konfrontiert uns mit der Verdunkelung Gottes in unserem Herzen, aber auch in den Herzen vieler Menschen.

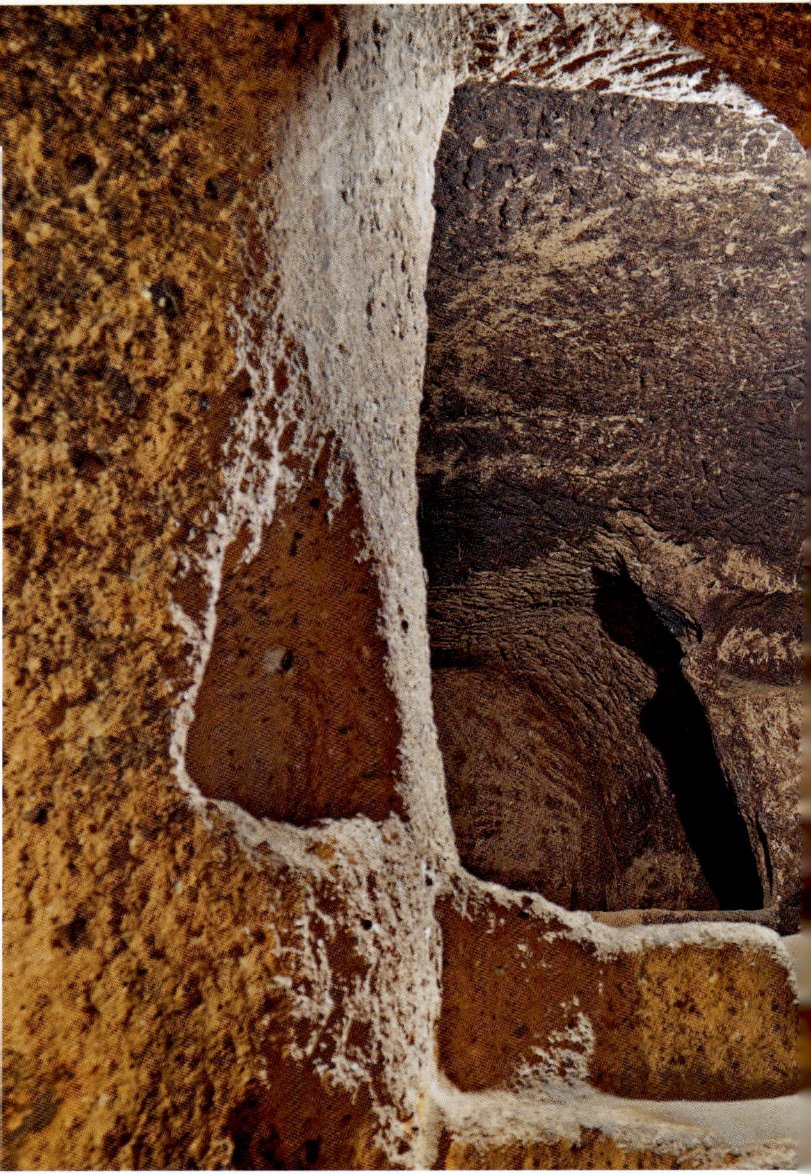

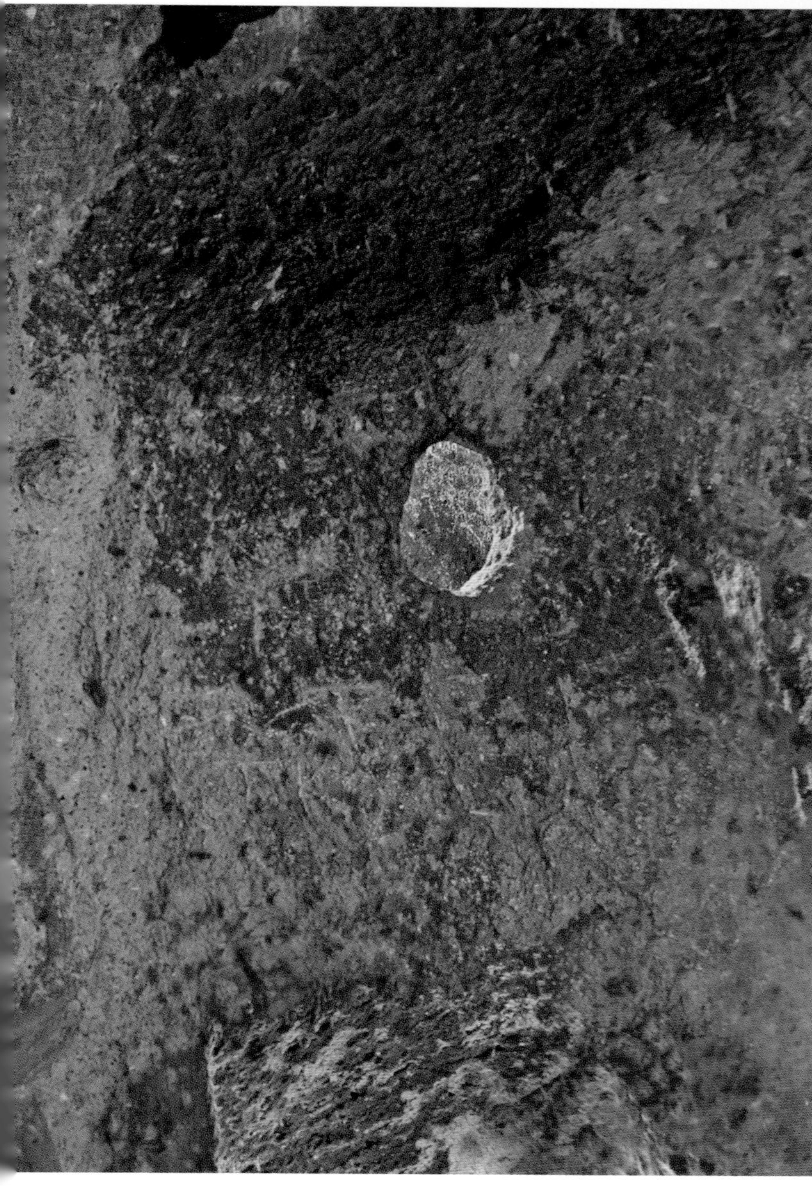

12

APRIL

Wir feiern an Ostern nicht nur, dass wir hier und jetzt auferstehen zu neuem Leben und dieses neue Leben in einem neuen Lied besingen. Jesus Christus ist nicht im Grab geblieben. Er ist in Gottes Herrlichkeit hinein auferstanden. So wird auch für uns der Tod nicht das bittere Ende sein, sondern der Weg in das ewige Leben, das Gott uns bereitet hat.

APRIL

13

Die Auferstehung Jesu ermöglicht es uns, uns ohne Angst mit dem eigenen Sterben zu konfrontieren. Denn das Tor, das wir im Tod durchschreiten, führt nicht in die Dunkelheit, sondern in das helle und warme Licht der Liebe Gottes. Die Liebe, mit der uns Jesus in seinem Tod am Kreuz bis zur Vollendung geliebt hat, wird uns auch durch den Tod hindurch tragen.

14

APRIL

Wir werden im Tod nicht aus dieser Liebe herausfallen, sondern von ihr aufgenommen werden für immer. Dann wird unsere tiefste Sehnsucht erfüllt. Das Wissen um unsere eigene Auferstehung lässt uns aber schon hier und jetzt anders leben. Der Tod hat seine Macht über uns verloren. Er ist zum Schlüssel für das Leben geworden.

APRIL

15

Die Feier von Ostern wird dir sagen: Wenn der Tod in der Auferstehung mündet, dann gibt es nichts mehr, was dich vom Leben abhalten kann, weder Angst noch Dunkelheit, weder Ohnmacht noch Erstarrung, weder Anfeindung noch Verleumdung. Die Auferstehung zeigt dir, dass es kein Grab gibt, in dem nicht das Leben hineinragt, keine Dunkelheit, die nicht vom Licht erleuchtet wird.

16 APRIL

Das ist die frohe Botschaft von Ostern, die dich mit einem neuen Gefühl von Lebendigkeit und Freiheit in den Frühling entlässt: Die Liebe ist stärker als der Tod, das Grün vertreibt das Grau des Winters.
Nach jeder Zeit des Fastens und der Entbehrung blüht überall neues Leben auf, auch in deiner Seele.

APRIL

17

Die Auferstehung Jesu gibt uns Hoffnung, dass es keine Erstarrung in uns gibt, die nicht aufgebrochen werden kann zu neuer Lebendigkeit; dass es keinen Tod gibt, der nicht ins Leben mündet, und kein Grab, in dem nicht neues Leben aufblüht.

18

APRIL

Das Kreuz steht für alles, was unser Leben durchkreuzt, was uns an äußeren Unbilden widerfährt. Das Kreuz durchkreuzt unsere Lebenspläne, unser Lebenskonzept, unsere Lebensträume. Aber es zerbricht uns nicht, sondern bricht uns auf, für das neue Leben, das in der Auferstehung Jesu in einem strahlenden Glanz erscheint. Jedes Scheitern birgt in sich die Chance der Auferstehung.

APRIL

19

Kreuz und Auferstehung sind Symbole dafür, dass es auch für uns kein Scheitern gibt, das nicht zu einem neuen Anfang werden kann. Auch wenn noch so viel unser Lebenskonzept durchkreuzt und durcheinanderbringt, letztlich kann uns nichts daran hindern, neu anzufangen.

20 APRIL

Die Auferstehung Jesu will uns Mut schenken, dass auch wir aufstehen aus dem Grab unserer Resignation, unseres Selbstmitleids. Wir sollen nicht liegen bleiben im Grab unserer Enttäuschung über das Scheitern. Wir sollen aufstehen, weil Gott selbst uns an der Hand nimmt und uns aufrichtet, uns Mut schenkt aufzustehen und einen Aufstand zu wagen gegen alles, was uns am Leben hindert.

APRIL

21

Der Auferstehungsweg, den wir in den 50 Tagen der Osterzeit gehen, ist ein Weg in immer größere Lebendigkeit, Freiheit und Freude hinein. Es ist ein Weg der Menschwerdung, den wir da feiern. Und indem wir ihn feiern, sollen wir immer mehr in Berührung kommen mit den Möglichkeiten, die Gott uns geschenkt hat.

22

APRIL

Den Weg der Auferstehung gehen, das heißt, dass wir uns freigehen von allem, was uns am Leben hindert, dass wir ausschreiten, um die Weite und Freiheit des Lebens zu erfahren, dass wir aufstehen aus dem Schlaf unserer Illusionen und uns aufmachen für das wahre Leben.

APRIL

23

Wir wenden uns dem Leben zu, das in unseren Wunden aufblühen möchte. Gerade heute, da viele Menschen immer nur in vergangenen Wunden wühlen, will uns der Auferstehungsweg einüben in das Leben, das stärker ist als alle Verletzungen und Blockaden.

24 APRIL

Der Auferstehungsweg beginnt beim Leben, das in uns aufblühen möchte, bei unseren Möglichkeiten und Fähigkeiten, bei dem, was Gott in uns hervorlocken möchte.

APRIL 25

Der Stein, der das Grab verschließt, ist ein Symbol für die Blockaden, die uns am Leben hindern. Viele kennen das Gefühl, dass ein Stein auf ihnen liegt, der sie nicht leben lässt. Es kann der Ballast der Vergangenheit sein, die vielen Verletzungen und Wunden, die uns davon abhalten, einfach aufzustehen und unseren Weg zu gehen.

26

APRIL

Auferstehung heißt, dass ein Engel vom Himmel herabsteigt und den Stein wegwälzt. Die Last, die uns am Leben hindert, wird weggerollt. Wir können wieder frei atmen. Auf einmal spüren wir den Stein nicht mehr. Der Engel setzt sich wie ein Sieger auf den weggerollten Stein. Der Stein wird zum Zeichen des Lebens über den Tod.

APRIL

27

Wir haben uns vielleicht Gedanken gemacht und in vielen Gesprächen versucht, uns von der Last des Steines zu befreien. Aber es hat alles nichts genutzt. Auf einmal tritt ein Engel in unser Leben. Und ohne zu wissen, wie es an uns geschieht, ist der Stein weggewälzt, und wir spüren das Leben wieder.

28

APRIL

Vertraue darauf, dass Gott dir immer wieder seinen Engel senden wird, damit dein Herz sich weitet und die Liebe aus dem offenen Herzen zu allem strömt, was dir begegnet, zu den Menschen, aber auch zu den Dingen in deinem Zimmer und zu den Blumen in deinem Garten! Du kannst im Einatmen die Liebe Gottes in dein Herz strömen lassen.

APRIL

29

Die Frauen, die am Grab den Auferstandenen begegnen, möchten uns ermutigen, der eigenen Seele zu trauen für die inneren Ahnungen unseres Herzens. In den leisen Impulsen unseres Herzens erfahren wir Auferstehung. Da rührt uns oft genug der Auferstandene an, dass wir den Mut haben aufzustehen, gerade auf diesen Menschen zuzugehen, das Wort auszusprechen, das uns auf der Zunge liegt.

30 APRIL

So höre bewusst auf die leisen Stimmen deines Herzens. Sie wissen, dass Auferstehung auch für dich heute Wirklichkeit werden kann. Sie vertrauen darauf, dass das Leben den Tod besiegt und dass die Liebe stärker ist als der Tod.

QUELLE DER LEBENSFREUDE

Freu dich an deinem Leben – denn du hast allen Grund dazu!
Gott selbst ist die Quelle deiner Freude. Wenn du ihn in dein Herz einlässt, dann findest du die verlorene Quelle der Freude in deinem Herzen wieder. Und dann wird deine Freude sich auch anderen mitteilen und andere erfreuen.

MAI

MAI

1

Du brauchst keine besonderen Gründe, um dich freuen zu können. Lebe einfach dein Leben. Dann gibt es genügend Grund, dich zu freuen. Du kannst dich freuen an dem, was lebendig ist, was aufblüht in dir oder in der Natur. Das Leben außen ist immer auch ein Bild für das Leben, das in dir ist.

2

MAI

Das Grimm'sche Märchen „Hans im Glück“ beschreibt uns, dass nicht äußere Dinge für die Freude am Leben notwendig sind, weder Geld noch die Schnelligkeit und die Kraft des Pferdes, noch die Nahrhaftigkeit des Schweins oder der Gans noch der Erfolg durch Arbeit.

MAI

3

Als Hans im Glück alles verloren hat, tanzt er voller Freude über seine Lebendigkeit. Das Märchen erzählt, dass die Wetzsteine zum Scherenschleifen, die sein letzter Besitz waren, in den Brunnen fielen.

4

MAI

Als er sie in die Tiefe hatte versinken sehen, sprang er vor Freude auf, kniete nieder und dankte Gott, dass er ihm auch diese Gnade noch erwiesen und ihn auf so eine gute Art, und ohne dass er sich einen Vorwurf zu machen brauchte, von den schweren Steinen befreit hätte, die ihm allein doch hinderlich gewesen wären. Und befreit rief er aus: „So glücklich wie ich bin, gibt es keinen Menschen unter der Sonne.“

MAI

5

Wenn ein Mensch ganz im Augenblick ist, dann hat er alles, was er braucht. Das Märchen lehrt uns, dass wir nichts anderes zur Freude brauchen als uns selbst. Indem ich die innere Freiheit spüre, wird die Freude in mir immer größer. Ich freue mich einfach an der Tatsache, dass ich lebe, dass ich springen kann, dass ich da bin und diese Welt in ihrer Schönheit wahrnehme.

6

MAI

Freude hat auch mit Entscheidung zu tun: Ich entscheide mich für mich selbst. Ich erlaube mir, so zu sein, wie ich bin. Ich höre auf, mich ständig zu entwerten, mich mit anderen zu vergleichen. Ich bin ich. Ich bin von Gott geschaffen. Ich bin Gottes geliebter Sohn, Gottes geliebte Tochter. Diese Geschichte gehört zu mir. Ich bin froh, diese Geschichte erlebt zu haben.

MAI

7

Wir können durch die Natur gehen und dabei über unsere Probleme und Sorgen nachdenken. Dann wird uns der Spaziergang keine Freude schenken. Wenn ich aber bewusst durch die Natur gehe, wenn ich das frische Grün der Bäume wahrnehme, wenn ich das Spiel des Sonnenlichts beobachte, kann ich mit Freude erfüllt werden.

8 MAI

Ich kann mich freuen am schönen Weg, an der Stille, die der Wald mir schenkt. Ich nehme den Geruch des Waldes oder der Wiese wahr, ich freue mich an der Lebendigkeit, die mich umgibt, am Zwitschern der Vögel, am Rauschen des Waldes, am leisen Wehen des Grases. Es kommt nur darauf an, dass ich ganz im Augenblick bin und bewusst die Natur wahrnehme. Dann gibt es genügend Gründe, mich zu freuen.

MAI 9

In meinen persönlichen Exerzitien bin ich nachmittags immer gewandert. Da ging es nach einem steilen Anstieg auf einem ebenen Weg durch einen jungen Buchenwald. Die Sonne schien durch das frische Grün hindurch und hinterließ ein herrliches Lichtspiel. Es waren wunderbar warme und frische Farben. Ich hielt einfach nur inne und beobachtete den Wald und das Spiel des Lichtes im Laubdach.

10
MAI

Da wurde mein Herz von Freude erfüllt. Ich spürte: Hier habe ich alles, was ich brauche. Ich muss nicht eine bestimmte Strecke laufen. Ich muss nicht an ein Ziel kommen. Ich kann einfach voller Freude diesen Augenblick genießen, da sich mir der Wald im Sonnenlicht in seiner ganzen Schönheit zeigt.

MAI

11

Wenn ich im Urlaub in den Bergen wandere, dann nehme ich oft staunend die Schönheit der Berge wahr. Immer wieder ergeben sich neue Ausblicke. Und es ist wunderbar, in einer Landschaft zu wandern, die von hohen Bergen gekrönt ist. Manche Bergmassive haben so etwas Erhabenes an sich, dass ich mich daran nicht genug sattsehen kann. Der Berg sieht nach jeder Weggabelung anders aus.

12

MAI

Viele Menschen sind heute unfähig zu solcher Freude. Ihr Blick hat sich so auf die eigenen Probleme fixiert, dass sie vor lauter Jammern über die eigene Situation gar nicht sehen, wie schön die Welt um sie herum ist. Sie sehen nicht, was ist. Und sie sind nicht in Beziehung zur Schöpfung, in die sie eingebettet sind.

MAI

13

Die Schönheit der Schöpfung erzeugt von selbst in uns Freude. Aber es braucht auch die Offenheit dafür. Wenn ich bewusst die Schönheit der Schöpfung wahrnehme und mich daran freue, dann ist das gesundheitsfördernd, dann tut das nicht nur dem Leib, sondern auch der Seele gut, dann werden meine Augen leuchten, und das Leben in mir blüht auf.

14

MAI

„Freu dich am Leben!“ – Diese Aufforderung ist nicht nur Ausdruck eines persönlichen Optimismus, der sich anderen mitteilen möchte. Vielmehr zielt diese Aufforderung in die Mitte des christlichen Glaubens. Nach der Bibel ist Gott von seinem Wesen her Liebe. Liebe und Freude aber gehören eng zusammen.

MAI

15

Wenn Gott die Quelle der Liebe ist, dann ist er auch die Quelle der Freude. Die Freude wird von Paulus im Galaterbrief als eine Frucht des Heiligen Geistes verstanden. Sie hat eine spirituelle Grundlage und ist mehr als eine optimistische und fröhliche Grundhaltung.

16

MAI

Die Kirche muss die Menschen nicht auffordern, dass sie sich freuen sollen. Denn diese Aufforderung wird kaum fruchten. Doch ihre Aufgabe ist es, die Quelle der verlorenen Freude wiederzufinden.

MAI

17

Diese große Beziehung zwischen Liebe und Freude hat auch die große Heilige, Elisabeth von Thüringen, verstanden, das zeigt sich darin, dass sie als Essenz ihres kurzen Lebens formulieren kann: „Wo man Liebe sät, wächst Freude empor."

18

MAI

In dem Maß, in dem wir zur Freude fähig sind, zeigen wir, dass wir den Glauben verstanden haben, den uns Jesus Christus in seiner Frohen Botschaft, in seinem Evangelium, verkündet hat.

MAI

19

Das Fest Christi Himmelfahrt will unsern Blick auf unser Ziel richten, auf den Himmel. Wir sollen nicht aufgehen in den irdischen Geschäften, sondern aufschauen zu Christus, der schon beim Vater ist. Was auf den ersten Blick wie ein moralischer Appell aussieht, ist in Wirklichkeit eine befreiende Botschaft.

20

MAI

Wer vom Himmel als von seiner Heimat her leben kann, für den relativieren sich viele Dinge seines Lebens, für den haben Erfolg und Besitz und Gesundheit nicht mehr den höchsten Stellenwert, er kann allem gelassener und ohne Angst gegenübertreten. Wenn er im Herzen schon am Ziel ist, dann ist der Weg nicht mehr so beschwerlich, dann hat er einen inneren Abstand zu dem, was ihm auf dem Weg begegnet.

MAI

21

Wir berühren nicht mehr den historischen Jesus, sondern den Christus im Geist. Aber ihn berühren wir wirklich, er ist in uns. Ja, er ist uns sogar nähergekommen als damals. Denn damals stand er neben und zwischen den Menschen. Aber jetzt ist er in uns.

22

MAI

Solange ein Mensch neben uns lebt, sind wir fixiert auf das, was wir sehen. Aber sein eigentliches Geheimnis übersehen wir oft. Christus musste zum Vater gehen, damit wir nicht an seiner historischen Gestalt hängen bleiben. Wenn er geht, können wir alles verinnerlichen, was er gelebt hat. Christus kann nun in uns Gestalt annehmen.

MAI

23

So ginge es am Fest Christi Himmelfahrt darum, dass wir Christus nicht oben im Himmel suchen, sondern in uns. Er ist nun in unseren Herzen, in unserem Kern, dort, wo wir ganz bei uns sind. Er ist nun unser Selbst geworden, wie Jung es ausdrücken würde. Oder, um mit Augustinus zu sprechen, er ist uns näher, als wir uns selbst sind.

24

MAI

Stell dir vor, dass der Himmel in dir ist und dass du Gott in deinem Himmel in dir trägst! Oder setze dich friedlich in dein Zimmer! Schau dich um, was du wahrnimmst in dem Zimmer, in dem du täglich so viele Stunden verbringst! Und dann stell dir vor, dass dein Zimmer der Ort ist, an dem Gott mir dir zusammenwohnt, an dem Gott mit dir Zwiesprache halten möchte, an dem Gott deine Wunden heilt!

MAI

25

Es ist ein neues Menschenbild, das uns das Fest Christi Himmelfahrt vor Augen führt. Indem Christus unsere menschliche Natur hinaufgehoben hat in den Himmel, hat er uns eine göttliche Würde geschenkt. Und er zeigt uns darin, dass wir nur dann wahrhaft Mensch werden, wenn unsere Natur den Schritt über sich hinaus wagt, hinein in den Himmel, in den Jesus mit Leib und Seele aufgefahren ist.

26

MAI

Unser Menschsein ist nicht in sich abgeschlossen. Wenn wir nur auf unsere Menschlichkeit fixiert sind, bereiten wir uns hier schon die Hölle. Wir können erst wahrhaft menschlich leben, wenn wir uns über uns hinausheben lassen, hinein in den göttlichen Bereich. Erst in Gott kommt auch unser Menschsein zur Vollendung.

MAI

27

„Dann kehrten sie in großer Freude nach Jerusalem zurück. Und sie waren immer im Tempel und priesen Gott“ (Lk 24, 52 f.). Mit diesen Worten schließt das Lukasevangelium. Die Jünger bleiben nicht fasziniert an dem Ort hängen, an dem Jesus sich von ihnen verabschiedet hat. Sie gehen nach Hause, aber in einer anderen Verfassung: mit großer Freude.

28 MAI

In dieser Freude können wir nun anders leben und wirken. Die Erfahrung der Himmelfahrt schickt uns in den Alltag, wo wir wohnen und arbeiten. Wir müssen den Himmel dorthin bringen, wo Alltag ist, wo Hölle ist, wo Leere und Sinnlosigkeit herrschen. Die Freude weitet das Herz und öffnet uns für die Begegnung mit den Menschen.

MAI

29

Lass dich von Ostern und Himmelfahrt wieder mit deiner Freude in Berührung bringen! Und versuche, unter dem weiten Horizont des Himmels mit einem weiten Herz auf dein Leben zu schauen! Dann wirst du die Freude entdecken, die auf dem Grund deines Herzens bereitliegt. Die Osterfreude wird deinen Alltag verwandeln. Es wird dir leichterfallen, deine Aufgaben zu erfüllen.

30 MAI

Wenn du mit dem Wort „Wir sind von Gottes Art“ (Apg 17,29) durch den Tag gehst, wirst du erst erkennen, wer du in Wahrheit bist. Da bekommt dein Leben einen neuen Geschmack. Du wirst dich selbst anders erleben. Stell dir vor, dass du in jedem Augenblick in Gott bist und dich in Gott bewegst.

MAI

31

Wenn du wanderst, gehst du in Gott. Wenn du atmest, atmest du in Gott. Wenn du eine Gebärde machst, machst du sie nicht nur vor Gott, sondern in Gott. Der Glaube daran, dass diese Vorstellung nicht nur Einbildung, sondern Wirklichkeit ist, führt dich ein in das Geheimnis deines Lebens und zeigt dir deine wahre Würde.

JUNI

SEHNSUCHT NACH DER QUELLE

Pfingsten ist das Fest unserer eigenen Lebendigkeit. Wir sehnen uns danach, wirklich lebendig zu sein, wirklich lieben zu können. Oft genug fühlen wir uns ausgebrannt, leer, langweilig, ohne Gefühle, ohne Schwung. Und wir fühlen, dass wir in uns nicht genügend Kraft haben, die uns antreibt. Wenn wir diese Erfahrung zulassen, spüren wir auch in uns eine Sehnsucht nach einer Lebensquelle, die nicht versiegt, nach einer Kraft, die nicht erlahmt, und nach einer Glut, die nicht ausgeht.

JUNI

1

Um an Pfingsten etwas vom Hl. Geist in sich zu spüren, könnte es hilfreich sein, sich einfach einmal in den Wind zu stellen, die Augen zu schließen und mit allen Sinnen den Wind wahrzunehmen, wie er zärtlich über die Wange streift, wie er einen kräftig durchweht, wie er einen in Bewegung bringt. Wer den Wind als Symbol für den Gottesgeist versteht, der kann unmittelbar im Wehen des Windes Gottes Geist spüren.

2

JUNI

Der Geist Gottes ist ja im Wind, er ist in diesem Augenblick, da der Wind mich durchweht, in mir, er reinigt und belebt mich, er streichelt und liebkost mich. Im Wind spüre ich das Leben der Natur, aber zugleich erfahre ich in ihm auch das Leben des Hl. Geistes, ja den Hl. Geist selbst.

JUNI

3

Ein anderes Bild für den Hl. Geist ist das Feuer, die Glut. Der Geist lässt sich in Feuerzungen auf die Jünger nieder. Feuer ist ein Symbol für die Lebendigkeit. Wenn wir von einem Menschen sagen, in ihm brenne ein Feuer, so meinen wir, er sei lebendig, voller Kraft, aus seinen Augen funkelt es, da geht etwas von ihm aus: Leben, Liebe, Freude.

4

JUNI

Der Hl. Geist ist auch ein Geist der Sendung. Wir sind nicht bloß für uns da, für unsere eigene Selbstverwirklichung, sondern wir haben den Auftrag, Leben weiterzugeben, Leben zu wecken. Der Geist will uns Mut machen, aus uns herauszugehen, aufeinander zuzugehen.

JUNI

5

Wo Begegnung gelingt und wo eine wirkliche Beziehung zwischen zwei Menschen wächst, dort ist auch Gemeinschaft möglich. Dort entsteht zumindest zwischen diesen beiden schon Gemeinschaft: eine Gemeinschaft, die dann durch andere erweitert werden kann.

6

JUNI

Die Haltung der Offenheit möchte dich für das Geheimnis der Begegnung öffnen. Du kannst einem anderen nur begegnen, wenn du für ihn offen bist, wenn du dein Herz öffnest und ihn bei dir eintreten lässt.

JUNI

7

Die Tugend der Offenheit lädt dich ein, dein Herz dem anderen gegenüber zu öffnen und ihm alles offen zu zeigen, was in dir an Gedanken und Gefühlen verborgen ist. Diese Offenheit braucht aber das Vertrauen, dass der andere uns nicht bewertet oder verurteilt. Wir verschließen uns oft aus Angst. Wir fürchten, dass der andere uns verurteilt.

8 JUNI

Wir brauchen die Offenheit und den Mut, dem anderen alles offen zu zeigen. Dann kann die Liebe alles in uns durchdringen und sie wird uns immer mehr zueinanderführen und uns miteinander eins werden lassen. Denn es gibt nichts mehr, was uns voneinander trennt und was wir voreinander verbergen müssten.

JUNI

9

Wenn ich geduldig bin, dann trage ich den anderen. Dann bin ich für ihn wie eine Säule, die ihn trägt. Weil ich ihn trage, verleihe ich ihm Standfestigkeit. Meine Geduld stärkt ihn.

10

JUNI

Die Tugend der Geduld möge uns lehren, warten zu können. Das ist heute nicht selbstverständlich. Wir wollen die Lösung oft gleich sehen. Aber wir brauchen sowohl für uns selbst als auch für den anderen Geduld. Wir können uns selbst nicht sofort verändern. Und auch der andere braucht Zeit, bis sich in ihm etwas wandelt.

JUNI

11

Verwandlung geschieht langsam und manchmal unmerklich. Die Geduld schützt diesen Prozess der Verwandlung. Wenn wir ständig kontrollieren wollen, ob der andere sich schon gewandelt hat, dann zerstören wir in ihm das Wachsen. Wir können auch eine Blume nicht ständig in die Hand nehmen und überprüfen. Sonst entfaltet sie nie ihre Schönheit.

12

JUNI

In der Geduld hat auch die Zeit einen wichtigen Platz. Wir lassen uns und den anderen Zeit, damit sich etwas wandeln kann. Ohne Geduld werden wir schnell ärgerlich. Wir machen dem anderen ständig Vorwürfe, weil sich bei ihm nichts ändere.

JUNI

13

Die Tugend der Geduld wacht über unsere Beziehung, dass sich in jedem von uns das innere Wachsen der Liebe und Achtsamkeit ungehindert entfalten kann.

14

JUNI

Jeder von uns hat die Kunst des Annehmens bitter nötig. Sie befreit uns erst einmal von unseren Vorstellungen. Dann öffnet sie uns die Augen, dass wir das Schöne und Gute an uns und am anderen erkennen. Und so werden wir fähig, uns selbst und einander anzunehmen und dankbar zu sein für die Zeichen der Annahme, die wir immer wieder erhalten.

JUNI

15

Damit wir uns in unseren Beziehungen gut fühlen, braucht es auch die Haltung der Dankbarkeit. Menschen, die undankbar sind, machen sich gegenseitig das Leben schwer. Wenn ich undankbar bin, kann ich den anderen nie mit einem Geschenk oder mit einer Geste der Liebe erfreuen. Das gibt mir das Gefühl, dass meine Liebe nie genug ist.

16

JUNI

Die Dankbarkeit lehrt mich, zuerst einmal, richtig über mich und über den anderen zu denken. Das deutsche Wort „danken“ kommt von „denken“. Wer richtig denkt, der ist auch dankbar. Wer über sein Leben nachdenkt, der kann nicht anders, als dankbar zu sein für alles, was Gott ihm in seinem Leben geschenkt hat.

JUNI

17

In der Treue steckt die Sehnsucht, dass ich mein Vertrauen auf den setzen kann, den ich liebe. Treue ist nicht etwas Statisches, sondern die Bereitschaft, mit einem Menschen einen Weg zu gehen, und das Versprechen, durch alle meine eigenen Wandlungen hindurch doch treu und verlässlich zu sein.

18

JUNI

Die Haltung der Treue möchte dir Mut machen, dich selbst und dem anderen treu zu bleiben und in der Treue mitten in der Unbeständigkeit dieser Welt ein gemeinsames Haus zu bauen, das nicht zu eng wird. Ein solches Haus kann dir und dem anderen Geborgenheit geben und Zuversicht für die Zukunft schenken, in dem keiner Angst vor Konflikten hat, weil die gemeinsame Treue auch die Konflikte durchstehen wird.

JUNI

19

Die Kunst des Lächelns möchte uns immer wieder einladen, dem anderen mit Lächeln zu begegnen. Wenn ich jemanden anlächle, dann wende ich mich ihm wohlwollend und freundlich zu. Ich bewerte ihn nicht. Ich lache ihn auch nicht aus. Ich mache ihn nicht lächerlich. Lachen kann auch verletzen. Aber das Miteinander-Lachen oder Einander-Zulächeln ist Ausdruck einer Liebe, die unsere Wunden heilt.

20 JUNI

Ich möchte gerne in die Schule gehen, um die Kunst des Lächelns zu lernen. Sie leitet mich dazu an, gerade dann zu lächeln, wenn ich am liebsten wütend werden möchte. Es wird kein verkrampftes Lächeln von mir verlangt. Die Kunst des Lächelns lädt mich vielmehr ein, einmal andere Reaktionen auf schwierige Situationen einzuüben.

JUNI

21

Die Kunst des Lächelns lehrt dich auch, Menschen zuzulächeln, die dir feindselig oder verschlossen begegnen. Du lässt dich nicht durch die Verschlossenheit des anderen dazu hinreißen, genauso grimmig zurückzuschauen. Du lächelst den Verschlossenen an. Manchmal zerbricht dann die Mauer, die er aufgebaut hat.

22

JUNI

Die Kunst des Lächelns erinnert mich mitten im Alltag daran, den Menschen um mich herum ein Lächeln zu schenken. Vor allem aber hilft sie mir, in der Familie das Lächeln zu üben: die Kinder anzulächeln, wenn sie heimkommen, den Partner anzulächeln, wenn er sich über etwas geärgert hat.

JUNI

23

Das Lächeln entschärft die Stimmung. Es schafft mitten in den alltäglichen Konflikten eine Atmosphäre von Heiterkeit. Es verwandelt unsere Gefühle. In der Schule des Lächelns lernen wir, uns selbst anzulächeln – gerade wenn uns das Lachen vergangen ist.

24 JUNI

Geh in diese Schule des Lächelns. Du wirst sehen: Die Kunst des Lächelns tut dir und deiner Partnerin beziehungsweise deinem Partner, deinem Freund, deiner Freundin, deinen Kindern gut.

JUNI

25

Mir hilft beim Vertrauen zu einem anderen Menschen immer die Gewissheit, dass ich mich noch auf eine tiefere Weise getragen fühle: Ich weiß mich von Gott getragen. Das Vertrauen auf Gott bewahrt mich davor, dass ich in einen Abgrund der Depression stürze, wenn ein Mensch mein Vertrauen missbraucht. Gott, der uns vertraut, auch wenn ein Mensch unser Vertrauen missbraucht hat, begleitet uns.

26

JUNI

Gott, der von seinem Wesen her Vertrauen ist, wird mich weiterhin begleiten und mir immer wieder Mut machen, mir selbst zu trauen und das Vertrauen auf Menschen zu wagen. Ich bin getragen von Gottes Vertrauen zu mir. Aus diesem Vertrauen kann mich nichts vertreiben.

JUNI

27

Ehrfurcht heißt: Ich erweise dem Menschen, der Schöpfung und den Dingen, die nötige Ehre. Ich will nicht aufdringlich eindringen in das Geheimnis eines Menschen. Ich lasse sein Geheimnis stehen.

28

JUNI

Für den heiligen Benedikt bedeutet Ehrfurcht vor dem Menschen letztlich, an den guten Kern im anderen zu glauben und im anderen den göttlichen Funken – letztlich Christus selbst – zu sehen. Ich lege den anderen nicht auf seine Fehler und Schwächen fest, sondern sehe tiefer.

JUNI

29

In der Ehrfurcht verzichte ich darauf, alle Neuigkeiten von einem Menschen zu erfahren, selbst die intimsten Bereiche noch zu erforschen. Die Ehrfurcht hat mit Achtung zu tun. Ich achte den Menschen nicht wegen seiner Leistung, sondern weil er Mensch ist. Wenn Menschen sich geachtet fühlen, richten sie sich auf.

30

JUNI

Diese Achtsamkeit braucht es auch in unseren Beziehungen. Ich achte auf das, was der andere sagt. Ich achte aber auch auf meine Worte und auf meine Reaktionen auf den anderen. Ich lebe nicht einfach so dahin, sondern achte auf mich und auf den anderen, ich achte auf das Miteinander. Ich mache meine Augen auf. Ich bin wach und schaue wach auf das, was ich sehe. Ich bin ganz im Augenblick.

DIE STILLE FINDEN

Die deutsche Sprache unterscheidet zwischen „Stille“ und „Schweigen“. „Stille“ kommt von „stellen“. Ich bleibe stehen und werde still. Aber Stille ist auch etwas Vorgegebenes. Ich tauche ein in einen Raum der Stille. Der Wald ist still, die Wüste ist still. Schweigen ist dagegen ein Tun. Ich muss den Mund halten. Ich soll die äußere Stille nicht stören. Aber ich kann im Schweigen auch innerlich still werden. Indem ich nichts rede und indem ich auch den Schwall meiner Gedanken zum Schweigen bringe, werde ich still. Da bleibe ich stehen und erlebe mich in neuer Weise.

JULI

JULI

1

Die Stille ist heilsam, sie bringt den Menschen zu sich selbst. Sie öffnet ihn für Gott. Sie bringt ihn in Berührung mit seiner eigenen Kreativität, mit neuen Ideen. In diesem Geschenkheft möchte ich Ihnen einige Wege zeigen, wie Sie die Stille wahrnehmen und genießen und wie Sie das Schweigen einüben können. Es sind Wege, die Ihnen guttun und Sie in Berührung bringen mit Ihrer eigenen Wahrheit.

2

JULI

Suchen Sie Ihren Lieblingswald auf. Gehen Sie darin spazieren. Dann bleiben Sie stehen und horchen in den Wald hinein. Da hören Sie nur das Rauschen des Windes, keine Motorsäge, kein Autogeräusch. Und genießen Sie diese Stille. Bleiben Sie bewusst stehen und nehmen die Stille wahr. Was macht die Stille mit Ihnen?

JULI

3

Wenn Sie für ein paar Augenblicke gar nichts hören, hat die Stille etwas Heiliges an sich. Manchmal überläuft uns ein Schauder, wenn alles um uns still ist. Stille hat etwas Reines an sich, etwas Unberührtes. Die Stille ist nicht beschmutzt vom Lärm der Welt. Wenn wir in die Stille hineinhorchen, dann stört uns nicht das Rauschen des Windes, aber jedes menschliche Gerede und jeder Lärm einer Maschine.

JULI

4

Stille ist der Raum, in dem ich wach werde, in dem ich die Augen öffne und das Eigentliche sehe. Stille ist für den Dichter der Raum, in dem er Gott selbst denken kann, in dem er Gott bis zu seinem Rand denken kann, also ihn in seiner Unendlichkeit erahnt. Und die Stille ist ein Augenblick, in dem er Gott besitzen kann, aber nur ein Lächeln lang. Gott besitzen hat immer mit Heiterkeit zu tun, nicht mit Anstrengung.

JULI

5

Die Stille braucht dieses Leichte, dieses Heitere. Dann wird sie zu einem Ort, an dem wir Gott erspüren. Aber es geht nicht darum, Gott zu besitzen, sondern ihn zu verschenken. Rilke möchte Gott an alles Leben verschenken, nicht nur an die Menschen, sondern auch an die Tiere und Pflanzen. Wenn ich Gott erspüre, dann nehme ich alles um mich herum anders wahr.

6
JULI

Ich verschenke Gott, indem ich diese göttliche Heiterkeit und dieses Unberührte, Reine, das ich in der Stille von Gott spüre, in die Welt hineinströmen lasse. Ich sehe in allem dieses Unberührte, Eigentliche, Reine. Dann gehe ich anders mit den Pflanzen, Tieren und Menschen um. Das Verschenken ist keine Pflicht, kein Muss, sondern ein Dank. Ich verschenke Gott wie einen Dank.

JULI

7

Setzen Sie sich in eine stille Kirche. Vielleicht kennen Sie Kirchen, die gebaute Stille sind. Gerade die romanischen Kirchen haben diese Qualität gebauter Stille. Da gibt es klare Formen, einfache Formen und runde Formen, die uns das Gefühl von Mütterlichkeit, von Geborgenheit geben. So wie die Mutter das Kind stillt, damit es still wird, so erfahren wir eine Kirche, die gebaute Stille ist.

8

JULI

Wir kommen zur Ruhe und können die Ruhe genießen. Schauen Sie sich um in der Kirche. Je nachdem, in welcher Kirche Sie sitzen, werden Sie anderes wahrnehmen. Sie schauen die klaren Formen der Architektur. Sie erahnen die Idee des Architekten, der einen heiligen Raum schaffen wollte. Heilig ist das, was der Welt entzogen ist, worüber die Welt keine Macht hat, wohin der Lärm der Welt nicht dringt.

JULI

9

Dort, wo ein heiliger Ort ist, fühle ich mich behaglich, da bin ich geschützt. Da kann ich so sein, wie ich bin. Da muss ich mich nicht vor irgendwelchen Menschen beweisen. Ich kann mich nieder-lassen, ausruhen, einfach da sein. Es behagt mir, es gefällt mir. Ich fühle mich geschützt.

10

JULI

Sie sehen in den Kirchen Bilder oder Statuen. Da ist vielleicht ein großes Kreuz. Schauen Sie auf das Kreuz, an dem Christus die Arme ausstreckt, um Sie zu umarmen mit all Ihren Gegensätzen. Wenn Sie diese Gebärde der Umarmung verinnerlichen und sich selbst umarmen, die Arme gekreuzt auf Ihre Brust legen, dann kommen Sie zur Ruhe.

JULI

11

Denn ein Grund unserer Unruhe ist, dass wir zu viel Energie darauf verwenden, unsere Schattenseiten zu unterdrücken. Wir sind nicht nur fromm, sondern auch gottlos, wir sind nicht nur ruhig, sondern auch unruhig, wir sind nicht nur stark, sondern auch schwach.

12
JULI

Wenn Sie all diese Seiten in sich umarmen, dann spüren Sie auf einmal eine tiefe Stille. Dann kommt der innere Aufruhr in Ihnen zur Ruhe. Sie verbrauchen keine Energie mehr, sich selbst zu verurteilen, weil Sie noch nicht so sind, wie Sie gerne sein möchten.

JULI

13

Sie sehen in der Kirche eine Marienstatue. Maria strahlt etwas Mütterliches aus. Sie hat das Kind auf ihrem Arm. Und sie hat etwas Königliches an sich. Sie steht einfach da in ihrer Schönheit. Sie steht zu sich, sie ruht in sich. Wenn Sie auf die Marienstatue schauen, erahnen Sie etwas von der Mütterlichkeit Gottes. Und Sie können sich in Gott geborgen fühlen, geliebt, angelächelt.

14

JULI

Schauen Sie dann auf die anderen Figuren oder Bilder, die Sie in Ihrer Kirche entdecken. Oft sind es Szenen aus der Bibel. Die Bilder wollen sich in Ihr Herz einbilden und Sie mit den eigenen heilenden Bildern in Ihrem Innern in Berührung bringen. Von den Bildern geht eine heilsame Kraft aus und sie beruhigen.

JULI

15

Und Sie sehen Heilige, die in Bildern oder Statuen dargestellt sind. Die Heiligen tragen alle Symbole. Wenn Sie auf die Heiligen schauen, so kann in Ihnen die Hoffnung wachsen, dass Gott das, was der Heilige verkörpert, auch in Ihnen bewirkt, dass er auch Sie in Ihrer Brüchigkeit heil und ganz macht.

16

JULI

Beliebt sind unter den Heiligen die vierzehn Nothelfer. Sie stehen für Ihre eigenen Nöte, Ihre Krankheiten, Gefährdungen, Ihre krankmachenden Lebensmuster und für die Heilung, die von Gott ausgeht. Wenn Sie auf einen der Nothelfer schauen, dann wächst in Ihnen das Vertrauen, dass auch Ihre Wunde von Gott geheilt wird.

JULI

17

Wenn Sie so eine Zeit lang in der Kirche sitzen, ohne etwas Bestimmtes erreichen zu wollen, sondern einfach nur als einer, der schaut, der in die Stille hineinhört und der sich vom Schauen selbst in eine noch tiefere Stille führen lässt, dann spüren Sie die „Behaglichkeit“, die vom „heiligen“ Raum ausgeht.

18

JULI

Setzen Sie sich einmal in Ihr Lieblingszimmer, vermutlich in Ihr Wohnzimmer, und genießen die Stille, die davon ausgeht. Stellen Sie sich vor, dass Sie nicht allein in Ihrem Wohnzimmer sitzen, sondern dass Sie von Gottes Segen umgeben und eingehüllt sind. Sie müssen gar nichts tun, auch nicht fromm beten.

JULI

19

Schauen Sie sich einfach mal Ihr Wohnzimmer an, die Möbel, die Sie selbst ausgesucht haben, die Bilder, die Sie aufgehängt haben, die Erinnerungsstücke, die Sie aufgestellt haben.

20

JULI

Wir können die Stille nur genießen, wenn wir die eigene Wahrheit aushalten. Aber das verlangt kein grimmiges Hinschauen auf die eigene Wahrheit. Vielmehr ermöglicht uns Christus, unsere Wahrheit anzuschauen, weil er uns mit allen Höhen und Tiefen annimmt. Stille heißt, dass wir die Wahrheit, die in unserem Herzen auftaucht, Christus hinhalten, in seine Barmherzigkeit.

JULI

21

Der ehrliche Umgang mit den Leidenschaften macht uns zu reifen und spirituellen Menschen. Die Unterdrückung der Leidenschaften führt zu einem beständigen Kampf, in dem wir sehr viel Energie verbrauchen. Wer die Leidenschaften abschneidet oder unterdrückt, dem fehlt eine wichtige Energiequelle auf seinem Weg.

22

JULI

Loslassen ist etwas anderes als Loswerden. Viele wollen negative Symptome, an denen sie leiden, loswerden. Sie wollen ihre Angst loswerden, ihre Eifersucht, ihren Neid. Aber es gibt ein Grundgesetz des menschlichen Lebens: Ich kann nur loslassen, was ich angenommen habe. Was ich loswerden will, das schaue ich nicht an.

JULI

23

Es gibt verschiedene Wege loszulassen. In der Meditation werden, sobald ich still werde, Gedanken auftauchen, meine Ängste, meine Eifersucht, mein Neid. Ich nehme die Gefühle wahr, aber ich distanziere mich sofort von ihnen. Meine Angst darf sein, aber jetzt gebe ich ihr keinen Raum. Jetzt gehe ich durch die Angst hindurch in den inneren Raum der Stille, zu dem die Angst keinen Zutritt hat.

24

JULI

In der Stille tauchen auch meine Lebensmuster immer wieder auf: mein Perfektionismus, mein Zwang, immer sofort zu helfen, für alles verantwortlich zu sein, meine ständigen Selbstbeschuldigungen. Loslassen heißt: Ich lasse sie zu, ich nehme sie wahr, aber jetzt gebe ich diesen Mustern keine Macht. So werde ich allmählich frei davon. Die Muster bestimmen mich nicht mehr.

JULI

25

Ich nehme meinen Ärger wahr, der in mir aufsteigt. Doch der Punkt in mir, der den Ärger wahrnimmt, ist nicht von Angst infiziert. Ich sage mir dann: Ich habe Ärger, aber ich bin nicht mein Ärger. Ich habe Angst, aber ich bin nicht meine Angst. So ziehe ich mich von den Gefühlen und Lebensmustern jeweils auf mein wahres Selbst zurück.

26

JULI

Ziel des Schweigens ist das Einswerden mit Gott. Das kann man personal verstehen: Ich sitze vor Gott und schaue auf ihn. Oder ich stelle mir vor, dass seine heilende und liebevolle Gegenwart mich umhüllt. Ich werde still vor Gott und mit Gott. Ich lasse mich von Gott anschauen und mich von seinem Geist durchdringen.

JULI

27

An diesem Ort des Friedens wohnt Gott selbst in uns. Gott ist hier weniger ein Gegenüber, sonder der, der den Grund unserer Seele bewohnt, der uns zu unserem wahren Selbst führt, mit dem wir ganz eins sein dürfen.

28 JULI

Gott wohnt in uns im Raum der Stille. Doch oft sind wir von diesem Raum abgeschnitten. Es haben sich zu viele Sorgen und Ängste daraufgelegt, sodass wir den Raum nicht spüren. Aber allein das Wissen, dass dieser Raum in uns ist, hilft uns, anders in dieser Welt zu leben. Wir können uns immer wieder an diesen Ort der Stille zurückziehen, auch mitten im Lärm der Welt.

JULI

29

Und ich kann mir dann mitten in der Arbeit, in den Turbulenzen des Lebens immer wieder vorstellen: Ja, diese Unruhe, dieser Druck, diese Erwartung ist jetzt da. Aber unterhalb all dieser Gefühle ist in mir ein Raum der Stille. Zumindest weckt die Vorstellung in uns die Sehnsucht nach diesem Ort. Und in jeder Sehnsucht liegt auch schon etwas von dem, wonach wir uns sehnen.

30

JULI

Für mich selbst ist es immer wieder eine spannende Übung, gerade dann, wenn ich in der Öffentlichkeit bin, wenn ich vom äußeren Lärm umspült werde, mir den inneren Ort der Stille vorzustellen. Ich setze mich dann nicht unter Druck, dass ich mitten in den Turbulenzen ruhig bleiben muss. Ich setze mich vielmehr den äußeren Anforderungen aus, aber ich erinnere mich immer wieder an den inneren Ort der Stille.

JULI

31

Diese Erfahrung wünsche ich Ihnen von Herzen, dass Sie im Raum der Stille bei sich selbst und bei Gott sein können und so geschützt sind von Verletzungen, vor den Erwartungen der anderen. Die Erfahrung der Stille befreit Sie von der Hektik, in die viele stürzen, weil sie sich ganz von den

Erwartungen der anderen bestimmen lassen. Der Ort der Stille macht Sie wahrhaft frei, heil und ganz, ursprünglich und authentisch, rein und klar. Und er lässt Sie mitten in der Fremde in sich selbst daheim sein, weil das Geheimnis Gottes in Ihnen wohnt.

AUGUST

RUHEZEITEN DES LEBENS

Wer eine Auszeit sucht, wünscht sich eine Pause vom Alltäglichen. Er möchte mitten im „Getriebe" des Lebens Ruhe finden. Diese Ruhezeiten muss der Mensch sich heute wohl bewusster nehmen als früher. Der Blick auf die von der Natur vorgegebenen Rhythmen erleichtert es, die Gelegenheit für natürliche „Ruhepausen" auch heute wieder wahrzunehmen und mit relativ wenig Aufwand kleinere und größere Auszeiten zu finden.

AUGUST

1

Jesus hat während der Zeit seines Wirkens regelmäßig Auszeiten genommen. Dabei schien er sich besonders gern auf Berge oder auf den See zurückgezogen zu haben. Ein Berg bietet, wie es im deutschen Wort schon anklingt, Verborgensein und Geborgenheit.

AUGUST

2

Gleichzeitig erhebe ich mich dort über das Alltägliche und bekomme aus dem Abstand heraus eine neue Sicht auf das, was mich tagaus und tagein im Detail beschäftigt. Der See und das Wasser wiederum lassen mich ruhig werden. Ich nehme die Weite wahr, die Tiefe kann ich erahnen. Seen oder das Meer laden zur Kontemplation – zur Suche nach dem, was in der Tiefe liegt – ein.

AUGUST

3

Jesus zieht sich immer wieder von der Arbeit, von seiner Sendung zurück. Er scheint diese „Auszeiten“ zu brauchen. Aber was tut er, wenn er allein ist? Viel ist uns darüber nicht berichtet. In den allermeisten Fällen heißt es, dass er betete. Er suchte wieder den Kontakt, aber diesmal nicht mit den Menschen, sondern mit Gott, seinem Vater.

4

AUGUST

Es ist gut, sich nicht nur zurückzuziehen, sondern auch die Auszeit sinnvoll zu füllen. Sicherlich, wenn wir uns im Alltag ganz „heißgelaufen" haben, nützt bereits eine Zeit, in der einfach „nichts" ist: reines Nichtstun, zweckfreies Dasein. Auf Dauer aber macht uns der „Müßiggang" allein nicht froh (vgl. auch Benediktsregel 48,I). Dann sollten wir der gewonnenen Zeit neue Inhalte geben.

AUGUST

5

Jesus nimmt sich aber nicht nur selbst „Auszeiten“, sondern empfiehlt sie auch anderen. Weil er weiß, wie gut sie tun, rät er: „Kommt mit an einen einsamen Ort, wo wir allein sind, und ruht ein wenig aus!“ (Markus 6, 31).

6

AUGUST

Jesus sieht sich selbst als „Kraftgeber“ für alle Ausgebrannten. Seine Gegenwart lässt aufatmen. Weil er selbst immer wieder bei seinem Vater Energie holt und mit ihm eins ist, kann er auch für andere Energiequelle sein. Jesus will, dass die Menschen erfrischt und erquickt werden und gut leben können.

AUGUST

7

Auszeiten müssen nicht groß oder besonders spektakulär sein. Sabbatzeiten ereignen sich auch regelmäßig wiederkehrend inmitten des ganz normalen Alltags und erfrischen ihn. Doch wie und wo findet man sie?

8

AUGUST

Möglichkeiten

für kleine Auszeiten gibt es genügend in unserem Leben. Vielleicht müssen wir als Erstes nur lernen, sie zu sehen und zu beachten. So wie Menschen früher auf die Rhythmen der Natur, auf den Tagesablauf und die Jahreszeiten geachtet haben, tut es auch uns gut, wenn wir sensibel wahrnehmen, was im Alltag alles auf uns zukommt.

AUGUST

9

Es gibt tagtäglich viele Pausen und „Schwellensituationen“, die uns zur „Auszeit“ einladen. Sie sind kleine, oft unverhoffte „Geschenke“ des Alltags, die angenommen und realisiert werden wollen. Wir müssen in keinen Leistungsdruck verfallen. Diese kleinen Auszeiten können wir nicht „machen“ und nicht „organisieren“.

10

AUGUST

Das Wichtigste ist: die Augen offen zu halten, um wahrzunehmen, wann uns solche kleinen Auszeiten in unserem Leben einfach geschenkt sind. Denn dann dürfen wir diese als Geschenk des Lebens annehmen und genießen.

AUGUST

11

Im Kloster schlägt viertelstündlich die Kirchenglocke. Zur vollen Stunde schlägt sie ausführlich. Das hat für die Mönche und Nonnen nicht nur die Funktion, die Uhrzeit mitzuteilen. Sie sind gleichzeitig eingeladen, die Arbeit zu unterbrechen und kurz zu beten.

12 AUGUST

Sie können in diesen Momenten ihre Aufmerksamkeit kurz auf Gott richten, der ihnen das Leben schenkte. Danach geht es mit der Arbeit auch schon weiter. Dieser Brauch hat eine enorme Wirkung auf den Einzelnen, aber auch auf die Gemeinschaft. Wenn alle, viele oder wenigstens manche gleichzeitig innehalten, sammelt sich Kraft.

AUGUST

13

Eine Kirche am Weg kann auch eine Einladung zum kurzen Innehalten sein. Selbst wenn mir gerade kein besonderes Anliegen im Herzen brennt, heißt mich der geschützte Raum der Kirche für eine „Mini-Auszeit“ willkommen.

14 AUGUST

In vielen Kirchen gibt es die Möglichkeit, eine Kerze anzuzünden. Oder ich stelle mich einfach nur aufrecht hin oder knie mich nieder. Ich lasse im Sitzen die Stille wirken, lasse unmittelbar Erlebtes nachklingen und trage es – wenn ich das möchte – vor Gottes Angesicht. Diese wenigen Augenblicke an nicht funktional genutzter Zeit geben der Seele schon wieder Luft zum Durchatmen.

AUGUST

15

Rituale schaffen eine heilige Zeit und einen heiligen Ort. Die Zeit des Rituals gehört mir. Da kann ich aufatmen. Und da komme ich in Berührung mit dem heiligen Raum in mir, in dem Christus in mir wohnt. Mit einem Ritual nehme ich mir ganz bewusst Zeit, ich gebe meinem Tag ein eigenes Gesicht, lasse mich nicht von der Zeit bestimmen, sondern präge sie selbst.

16

AUGUST

Die Sorgen der Welt sind mir nicht mehr wichtig, niemand möchte in dieser heiligen Zeit etwas von mir. Diese heilige Zeit schafft mir Ruhe, ich darf teilhaben an der Sabbatruhe Gottes. Das Ritual nimmt mir all den Zeitdruck. Es ist eine angenehme Zeit, eine geschenkte Zeit, eine heilige Zeit, eine Zeit der Gnade, die ich voll und ganz genießen darf. So komme ich mit dem heilen Kern in mir in Berührung.

AUGUST

17

Ein wichtiges Ritual ist das Gebet. Das ist eine Zeit, in der ich Gott alles hinhalte, was mich bewegt. Indem ich es Gott hinhalte, kann sein Licht in mich eindringen und mich verwandeln.

18

AUGUST

Für die frühen Mönche war das Jesus-Gebet ein Gebet, welches sie zu allen Zeiten gebetet haben. Wenn ich in alles, was mich bewegt, hineinspreche: „Herr Jesus Christus, erbarme dich meiner“, dann läutert sich in mir etwas. Der Ärger verliert seine Macht über mich.

AUGUST

19

Im Jesus-Gebet lasse ich die barmherzige Liebe Jesu in die inneren Trübungen fließen und verbinde damit mein eigenes Wohlwollen. Dann erlebe ich oft, dass sich die Gefühle nach einer halben Stunde wandeln. Auf einmal spüre ich keinen Groll mehr in mir. Ich erlebe einen tiefen inneren Frieden. Es hat sich etwas in mir geklärt. Ich bin mit mir in Berührung.

20

AUGUST

Schon allein die Struktur des Tages, der mich viermal einlädt, meine Arbeit zu unterbrechen, gibt mir Zeit für das Gebet. Die Gebetszeiten erlebe ich immer wieder als eine heilsame Unterbrechung. Ich lasse mich auf die Psalmen ein und höre die Lesung. Gönnen auch Sie sich regelmäßig eine Zeit für das Gebet, eine Zeit, in der Sie so da sein dürfen, wie es Ihnen gerade geht. Sie werden merken, dass dies Ihrer Seele guttut.

AUGUST

21

Mir erzählte ein Mann, er höre immer klassische Musik, wenn er sich emotional aufgewühlt fühle. Wenn er sich auf die Musik einlasse, dann fühle er sich hinterher erneuert. Die Musik stellt den Rhythmus wieder her und führt den Menschen dazu, wieder mit sich in Einklang zu kommen. Wir wissen oft nicht, warum wir uns nach dem Hören einer schönen Musik innerlich neu fühlen.

22

AUGUST

Vielleicht kommt es daher, dass wir durch die Musik unseren eigenen Rhythmus finden und alles von uns abfällt, was diesen Rhythmus verhindert und uns aus dem Gleichgewicht bringt. Wer sich im Einklang mit sich selbst fühlt, der erfährt dieses Gefühl als innere Reinigung.

AUGUST

23

Wenn ich sehr aufgewühlt bin, hilft mir das Gehen, Abstand zu den Erlebnissen zu gewinnen, die mich so im Griff haben. Ich denke im Gehen nicht über die Probleme nach. Sie fallen einfach von mir ab.

24 AUGUST

Wandern ist für mich zuerst einmal auswandern. Ich wandere aus, aus allen Abhängigkeiten, aus dem, was an mir klebt und mein wahres Selbst trübt. Ich wandere aus, aus den Emotionen, die mich im Griff haben, aus dem Ärger, der Traurigkeit, der Müdigkeit, der Resignation, der Eifersucht.

AUGUST

25

Wandern ist ein stetiger Wandlungsprozess. Ich gehe immer weiter. Im Gehen kann ich nichts festhalten. Ich lasse die Gedanken los, die in mir auftauchen, und die Emotionen, die mich bestimmen möchten. Ich gehe mich frei von allem, was mich beherrschen möchte, damit meine eigentliche Gestalt immer mehr zum Vorschein kommt.

26 AUGUST

Die vielen Menschen, die auf den neuen oder alten Pilgerstraßen wandern, erwarten von ihrem Weg eine innere Verwandlung. Die Christen unter ihnen erhoffen sich auf ihrem Pilgerweg eine intensivere Begegnung mit Christus. Sie wollen ein Stück Christus nachgehen, vom ihm beim Wandern mehr erfahren als durch Bücher und Vorträge.

AUGUST

27

Die Urlaubszeit ist für mich jährlich eine heilige Zeit. Es geht dabei nicht nur um Erholung, sondern auch um die innerliche Freiheit und Klarheit. Daher kann ich im Urlaub nicht viele Menschen ertragen. Ich brauche Ruhe und Abgeschiedenheit. Ich wandere viel, und ich nehme mir Zeit zu lesen oder einfach dazusitzen und die Landschaft zu betrachten.

28 AUGUST

Urlaub kommt von „erlauben“. Ursprünglich kommt Urlaub von der Erlaubnis, die mir ein Höhergestellter gibt, wegzugehen. Urlaub meint die Zeit, in der ich mir erlaube, so zu sein, wie ich bin. Es ist mir gleich, was die anderen von mir wollen. Ich darf mir erlauben, mein eigenes Leben zu leben.

AUGUST

29

Der abendliche Sternenhimmel ist mir wichtig. Da wird mein Herz weit. Und ich kann frei atmen. Die Urlaubszeit ist für mich auch eine Zeit, in der ich einfacher esse als während des Jahres. Urlaub heißt auch, dass ich mich selber gerne habe, dass ich gut mit mir umgehe, dass ich mir Gutes gönne.

30 AUGUST

Nehmen Sie sich immer wieder Zeit, einen ganz besonderen Ort in der Natur zu suchen, an dem Sie schauen, riechen, tasten und hören können. Seien Sie ganz bei sich und lassen Sie sich dann ein auf das, was Sie spüren. Fühlen Sie das Leben, das Sie umgibt und in Sie einströmt. Spüren Sie den Geist, der die Schöpfung durchdringt und auch in Ihnen fließt. Es ist der Geist Gottes.

AUGUST

31

Reservieren Sie sich täglich bewusst Zeiten der Stille, in denen Sie in sich hineinhorchen, ob Gott Ihnen etwas sagen möchte. Wenn Sie nichts hören, halten Sie es trotzdem aus. Gott spricht nicht sofort. Er wartet, bis es auch in unserem Herzen ganz still geworden ist, damit sein Wort auch wirklich gehört werden kann.

DIE SPRACHE DER ENGEL

Engel sind immer Boten, die Gott zu uns schickt. Das können Menschen sein, die in einem bestimmten Moment zu uns sprechen oder zu einem bestimmten Zeitpunkt in unserem Leben auftauchen. Das können innere Impulse oder Träume sein, die uns auf etwas aufmerksam machen. Engel können auch einfach Erfahrungen sein, die wir machen und nicht näher beschreiben können. Der heilige Augustinus sagte einmal: Wir sollen uns nicht so viel über das Wesen der Engel Gedanken machen. Wir sollen vielmehr ihre Aufgabe bedenken. Engel sind Boten Gottes. Das ist ihre Aufgabe.

SEPTEMBER

SEPTEMBER

1

Ich bin mir immer bewusst, dass Gott an mich denkt und mir einen Engel schickt, den ich erfahren und spüren darf. Indem wir den Engel mit Du ansprechen, wird Gottes Nähe uns menschlicher und wärmer erscheinen. Wir erfahren in dem Boten, den Gott uns geschickt hat, Gott selbst als den Helfenden und Heilenden.

SEPTEMBER

2

Ich wünsche dir, dass du den Engel spürst, den Gott dir immer wieder schickt, um dir die Augen zu öffnen für Gottes Hilfe und Schutz, für Gottes Sorge für dich. Und ich wünsche dir, dass der Engel dich in Berührung bringt mit den vielen Gaben, die Gott in dein Herz gelegt hat, die du aber oft übersehen und nicht gelebt hast.

SEPTEMBER

3

Gott schickt einen Engel, der dich behütet, der dir einen Schutzraum gewährt, in dem du dich geborgen und behütet fühlst. Der Engel, der dich behütet, wacht über dich, er sorgt für dich, dass du dich selbst nicht verlässt, sondern in dir und in Gott einen Raum der Obhut erfährst.

4 SEPTEMBER

Du bist der Schutzengel, der mich schützt vor der Wunde der Verlassenheit. Du bist der Engel des Behütens. Du behütest mich mit deinen Flügeln. Du bedeckst mich, wenn ich mich einsam und verlassen fühle.

SEPTEMBER

5

Es ist der Engel des Vertrauens, der uns mitten in unserer Verzweiflung in Berührung bringt mit dem Urvertrauen, das auf dem Grund unserer Seele noch vorhanden ist. Unsere Mutter hat uns dieses Urvertrauen geschenkt, das Gefühl, dass wir willkommen sind auf dieser Welt. Und unser Vater hat dieses Vertrauen in ein Zutrauen verwandelt.

6 SEPTEMBER

So will Gottes Engel uns zeigen, was vertrauen heißt: anderen, aber auch uns selbst zu vertrauen. Wenn wir einem anderen vertrauen, wissen wir, dass wir fest auf ihn zählen können. Auf sein Wort ist Verlass. So können wir auch Gott vertrauen. Er gibt uns seine Zusage, dass er immer für uns da ist und für uns sorgt.

SEPTEMBER

7

Damit wir das Scheitern so positiv sehen können, brauchen wir einen Engel, der in unser Scheitern hineinkommt und uns die Erfahrungen des Scheiterns in einem anderen Licht sehen lässt. Es ist der Engel der Hoffnung, nach dem wir uns sehnen.

8

SEPTEMBER

Die Hoffnung beschämt uns nicht. Sie schenkt uns das Vertrauen, dass unser Leben gelingt. Hoffnung ist etwas anderes als eine Erwartung. Die Erwartung kann enttäuscht werden, die Hoffnung nicht. Der Engel der Hoffnung schenkt uns das Vertrauen, dass unser Scheitern verwandelt wird, dass aus unserem Scheitern neues Leben und neues Gelingen entstehen wird.

SEPTEMBER

9

Der Engel der Leichtigkeit möge auch uns die Schwere nehmen und unsere Seele beflügeln, damit sie in der Leichtigkeit des Seins Menschen zu Gott hinbewegt.
Engel der Leichtigkeit, du verweist uns auf die Gnade Gottes, die unser Leben gelingen lässt, ohne dass alles von unserer Leistung abhängt.

10 SEPTEMBER

Du zeigst mir, dass ich in meinem Leben auch einmal loslassen darf, ohne dabei zu fallen. Denn ich werde gehalten von Gottes Hand. Ich muss nicht immer alles alleine tragen, sondern ich werde selbst getragen. Dieses Gefühl des Getragenseins lässt mein Leben leichter werden.

SEPTEMBER

11

Der Engel der Heilung macht alles in mir heil und ganz. Das, was in mir abgespalten ist, bringt er wieder zusammen mit meinem Personkern. Er heilt meine Wunden, die mir das Leben geschlagen hat. Und er führt mich wieder zur Ganzheit, damit ich alles, was in mir ist, annehmen kann, auch das Kranke.

12

SEPTEMBER

Der Engel der Heilung heiligt alles in mir. Und weil es geheiligt ist, von Gottes Geist durchdrungen ist, gehört es zu mir, spaltet es mich nicht mehr, zerreißt es mich nicht mehr. Nach einem solchen Engel der Heilung, der unsere Zerrissenheit heilt, sehnen wir uns alle in unserer Krankheit.

SEPTEMBER

13

Der Engel der Stille will uns befähigen, still zu werden und von Gottes Liebe gestillt zu werden. Er führt uns in den Raum der Stille, der unserer Seele guttut. Wenn wir hineintreten, dann hüllt uns diese Stille ein wie ein schützender Mantel. Er schützt uns vor dem inneren Lärm unserer Gedanken und vor der Zudringlichkeit der Menschen um uns herum.

14

SEPTEMBER

In der Stille bleiben wir stehen, da kommen wir zur Ruhe, da können wir die Ruhe genießen, die Gott uns als Sabbatruhe verheißen hat, als Ruhe, in der wir voller Dankbarkeit sagen können: Es ist alles gut. Der Engel der Stille möchte uns in diese Ruhe einführen, in der unsere unruhige Seele zu Frieden und innerer Ausgeglichenheit findet.

SEPTEMBER

15

Du gibst mir Zeit für Ruhe und Stille. Ich kann innehalten und Atem holen und muss mich nicht länger durch mein Leben treiben lassen. Bei dir kann ich loslassen, in dir kann ich ruhig werden. So hilfst du mir, den vielen Anforderungen, die der Alltag mit sich bringt, besser standzuhalten. Ich lerne, mein Leben mit etwas mehr Gelassenheit zu nehmen.

16

SEPTEMBER

Du bist der Engel der Stille. Von dir geht Stille aus. Da vermag ich auch still zu werden. Du begegnest mir in Räumen der Stille, die so still sind, dass sich ihre Stille um mich ausbreitet und mich durchdringt. Du begegnest mir in der Musik, die mich in die Stille führt. Du begegnest mir in Menschen, die still geworden sind und um sich herum Stille verströmen.

SEPTEMBER

17

Der Engel der Liebe verheißt mir, dass ich auch dann, wenn ich mich allein fühle, von Liebe erfüllt bin. Denn die Liebe, die ich von Menschen erfahren habe, verweist mich auf die Quelle der Liebe, die in mir strömt. Es ist letztlich eine göttliche Quelle, die nie versiegt.

18 SEPTEMBER

Diese Liebe ist eine Gabe Gottes. Alles, was wir tun, gewinnt erst durch sie an Tiefe und Tragkraft. Erst wenn wir aus tiefsten Herzen geben, geben wir wirklich. Wir handeln dann nicht, weil es von uns erwartet oder verlangt wird oder aber weil wir uns selbst damit besonders hervorheben wollen, sondern weil wir es ehrlich meinen. Wir tun es aus Liebe.

SEPTEMBER

19

Diese Liebe ist kein Gefühl, das wieder vergeht. Sie ist eine Qualität des Seins. Sie ist unabhängig von den Beziehungen, die ich gerade habe, unabhängig von der Liebe, die ich gerade von Menschen empfange und die ich für sie empfinde. Diese Liebe wird durch die Erfahrungen der Liebe zu anderen Menschen geweckt, sodass sie auch ins Bewusstsein tritt.

20

SEPTEMBER

Du lässt mich spüren, dass diese Liebe, die Gott selbst in uns gelegt hat, tiefer und weiter geht als alles andere in meinem Leben. Im ersten Brief des Paulus an die Korinther lese ich: „Die Liebe ist langmütig, die Liebe ist gütig. Sie ereifert sich nicht, sie prahlt nicht, sie bläht sich nicht auf.“

SEPTEMBER

21

Jesus hat so gesprochen, dass seine Freude sich mit meiner Freude vermischt hat. Seine Worte haben die Freude in mir angerührt, die unterhalb meines Ärgers und meiner Traurigkeit in meiner Seele fließt. Sie ist immer in mir. Aber manchmal ist sie fast am Versickern, weil ich von ihr abgeschnitten bin, weil sich zu viel Traurigkeit darübergelegt hat.

22 SEPTEMBER

Jesu Worte füllen den immer kleiner werdenden Strom der Freude in mir auf mit seiner unendlichen Freude. So steigt die Freude in mir hoch und durchdringt auch mein Bewusstsein. Als mir der Sinn von Jesu Worten aufgegangen ist, hatte ich das Gefühl, dass der Engel der Freude mich berührt hat.

SEPTEMBER

23

Du bist der Engel der Freude, der in meine Enttäuschung eintritt. Du hältst mir die Wahrheit vor Augen. Du bewahrst mich davor, in meiner Enttäuschung zu resignieren, traurig oder hart zu werden. Du wandelst meine bitteren Gefühle in Freude. Du forderst mich nicht einfach auf, mich zu freuen. Vielmehr bringst du Freude in meine Bitterkeit und Härte.

24

SEPTEMBER

Jesus geht davon aus, dass in uns eine Quelle der Freude ist, die oft genug aber versiegt ist. Durch dich, den Engel der Freude, wird unsere Freude angefüllt und angereichert, dass sie wieder zu fließen beginnt und vollkommen wird. So vertraue ich darauf, dass du mich mit dieser inneren Freude in Berührung bringst.

SEPTEMBER

25

Durch dich entdecke ich die Fähigkeit zur Freude, die Gott uns geschenkt hat. Ich freue mich über etwas und kann diese Freude mit anderen teilen. Ich kann mich aber auch mit anderen freuen. Mein Leben wird durch die Freude schöner und leichter.

26 SEPTEMBER

So vertraue ich auf dich, den Engel der Freude, dass du bei mir bist, wenn Bilder, die ich mir von mir und anderen gemacht habe, zerstört werden, wenn Lebensträume zerplatzen und meine Welt ins Wanken gerät. Zeige mir, dass unterhalb all dieser Enttäuschungen, die ich in meinem Leben erlebt habe, immer auch ein Strom der Freude ist.

SEPTEMBER

27

Der Engel, den Gott zu uns schickt, verwandelt unsere Gefühle, verwandelt unsere Sichtweise, verwandelt unser Herz. Und dadurch verwandelt der Engel auch die äußere Situation, in der wir stecken. Der Engel, den Gott als Boten zu uns sendet, bringt uns in Berührung mit dem Potenzial an Kräften und Gefühlen, das in unserer Seele bereitliegt.

28

SEPTEMBER

Auf unserem Weg durchs Leben ist Gottes Engel uns immer ein treuer Begleiter. Er schützt und behütet uns. Er erinnert uns daran, dass Gott uns nicht verlässt. Seine Liebe hält und trägt uns. Bei ihm dürfen wir uns geborgen fühlen. Alle Ängste, Nöte und Sorgen, die uns bedrücken, dürfen wir bei ihm loslassen. Durch seinen Engel schenkt uns Gott Mut und Zuversicht.

SEPTEMBER

29

In Momenten der Dunkelheit zeigt uns der Engel Gottes, wohin wir gehen sollen. Er ist uns Wegweiser, wenn wir die Richtung verloren haben. Wenn wir stolpern oder fallen, fängt er uns auf. Er hilft uns, dass unsere Schritte wieder fest und sicher werden. Er steht fest an unserer Seite.

30 SEPTEMBER

Das Vertrauen, dass Gott für jede Stimmung und für jede Notlage einen Engel bereithält, um ihn zu uns zu senden, gibt uns die Gewissheit, dass unser Leben gelingt, dass es keine ausweglose Situation für uns gibt. Alles kann verwandelt werden. Gottes Engel führen uns immer wieder in neue Bereiche unserer Seele hinein.

OKTOBER

IN DANKBARKEIT LEBEN

Oft übersehen wir, wie viel wir von anderen empfangen. Und doch sind die Anlässe, Danke zu sagen, bei näherem Hinsehen zahllos. Ohne eine Gegenleistung zu erwarten schenken uns andere ihre Freundschaft und Liebe, ihre Weisheit und Zeit. Sie stehen uns bei und geben uns Heimat, sie trösten uns und vergeben uns unsere Fehler. Sie lassen uns die Welt mit anderen Augen sehen und verwandeln unser Leben.

OKTOBER

1

Ich danke dir für deine Freundschaft. Wir kennen uns schon viele Jahre. Wir sehen uns vielleicht nicht so oft. Aber wenn wir uns sehen, dann ist es so, als ob wir immer im Gespräch miteinander seien. Da verstehen wir uns sofort.

2

OKTOBER

Ich danke dir für deine Treue, die du mir bewahrt hast, obwohl ich mich nicht oft gemeldet habe. Ich danke dir, dass ich bei dir sein darf, wie ich bin, dass ich mich nicht beweisen muss, dass ich bei dir auch all das loswerden kann, was mich belastet, was mich ärgert, was mich verunsichert.

OKTOBER

3

Ich danke dir, dass du auch im Gebet an mich denkst und dass du mir immer Gottes Segen wünschst, wenn wir wieder auseinandergehen.

4

OKTOBER

Mir ist dieser Segenswunsch sehr wichtig. Ich weiß, dass ich mit deinem Segen, aber auch mit Gottes Segen, wieder von dir fortgehe in meinen Alltag hinein, voller Dankbarkeit, dass du mein Freund bist.

OKTOBER

5

Wenn ich zu dir komme, habe ich das Gefühl, ich komme nach Hause, ich komme in meine Heimat, dorthin, wo ich wirklich daheim bin. Ich danke dir, dass du mir immer wieder Heimat schenkst und dass ich zu dir kommen kann, um mich bei dir daheimzufühlen.

6 OKTOBER

So wünsche ich dir, dass du dich von Gott gesegnet und erwählt weißt und dass der Segen Gottes alles in dir verbindet, was dich manchmal zu zerreißen droht. Gott segne dich, damit du wie Abraham voll Vertrauen deinen Weg gehen kannst und dich immer und überall von Gottes schützender Nähe umgeben weißt.

OKTOBER

7

Auch du bist ein Segen für andere. Das traut Gott dir zu. Du musst nicht etwas leisten, damit du zum Segen für andere wirst. Du brauchst nur ganz du selber zu sein. So wie du bist, in deiner Einmaligkeit, bist du ein Segen für andere. Höre auf, dich zu entwerten, und sei dankbar dafür, dass Gott dich zur Quelle des Segens für andere erwählt hat.

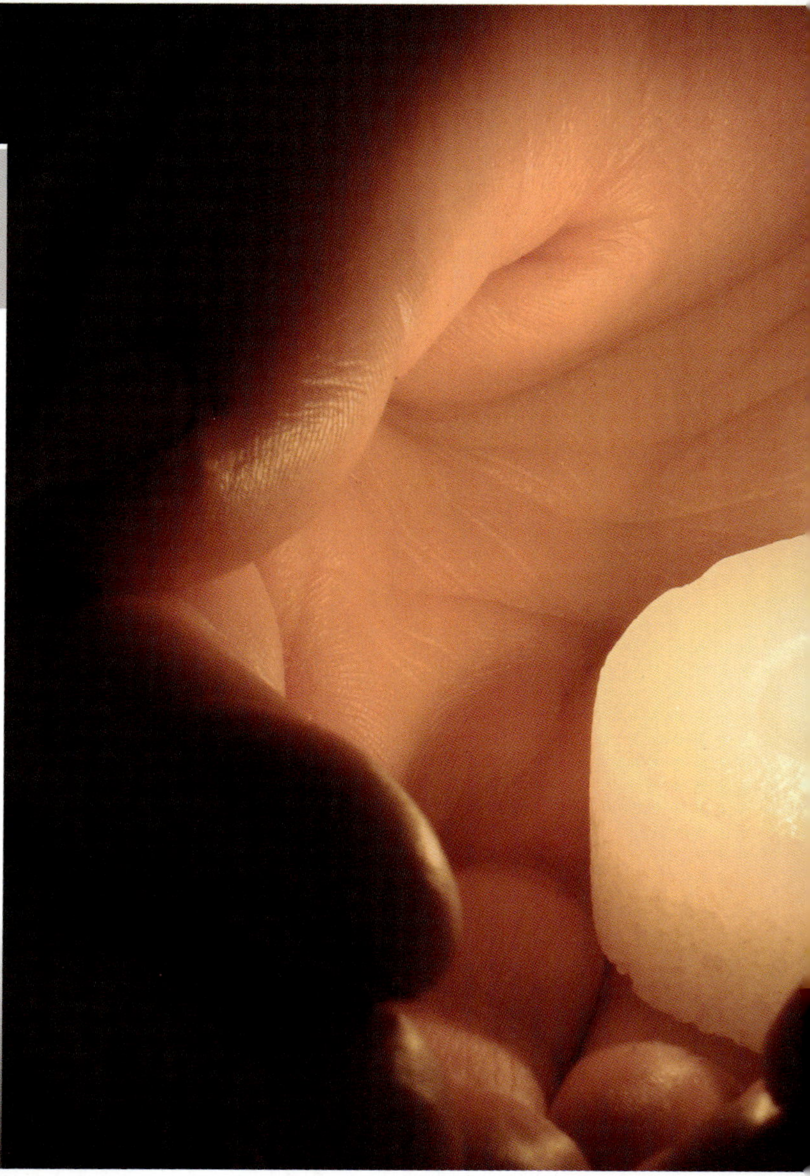

8
OKTOBER

In dir strahlt etwas von Gottes Liebe in diese Welt aus. Durch dich wird die Welt heller und wärmer. In deiner Nähe wird es mir warm ums Herz. Vielleicht denkst du, das stimmt nicht von mir. Doch die segnenden Worte des Simeon gelten auch dir. Denn du bist gesegnet wie das Kind Marias.

OKTOBER

9

Ich danke dir für deine Weisheit. Wenn ich mit dir spreche, dann fühle ich mich immer verstanden. Aber ich spüre auch, wie weise du über das Leben denkst. Diese Weisheit tut mir gut. Sie eröffnet mir neue Horizonte.

10

OKTOBER

Ich sehe mein Leben und die Situation in der Welt mit anderen Augen. Deine Sichtweise tut mir gut. Sie ist nicht geprägt von Zweckoptimismus, sondern von Vertrauen und von Weisheit.

OKTOBER

11

Du siehst die Situation immer im Blick auf das Ganze. Du kennst die Geschichte und kannst alles, was geschieht, einordnen in das Auf und Ab der Geschichte. Deine Weisheit ermutigt mich, meinem eigenen Gespür zu trauen und nicht in das Wehgeschrei mancher Leute einzustimmen, dass diese Welt immer schlechter wird.

12

OKTOBER

Deine Weisheit öffnet mir die Augen, mein eigenes Leben im richtigen Licht zu sehen. Deine Weisheit ist für mich wie eine Lichtquelle, die einen hellen Schein auf mein Leben wirft. Und sie bringt mich in Berührung mit der Weisheit, die ich auch in meinem Herzen durch dich entdecke. Dafür danke ich dir.

OKTOBER

13

Ich danke dir für die Hoffnung, die du ausstrahlst. Ich spüre bei dir, dass es kein Zweckoptimismus ist, wenn du immer voller Hoffnung in die Welt schaust. Deine Hoffnung ist realistisch. Du siehst die Welt, wie sie ist.

14

OKTOBER

Du siehst mich, wie ich bin, mit meinen Fehlern und Schwächen und Grenzen. Aber du hast die Hoffnung auf mich nie aufgegeben. Du hoffst auf mich und für mich. Du gibst mich nicht auf. Du gibst keinen Menschen auf. Das tut mir gut. Das gibt mir die Möglichkeit, selbst auf das in mir zu hoffen, was ich noch nicht sehe.

OKTOBER

15

Deine Hoffnung steckt mich an, sie lässt mich wieder leben. Sie zeigt mir, dass jeder Tag ein wertvoller Tag ist, dass ich an jedem Tag meine persönliche Lebensspur in diese Welt eingraben kann.

16

OKTOBER

Und durch meine Spur kann diese Welt heller und wärmer werden. Weil du mir Hoffnung schenkst, habe ich Hoffnung für mich und für die Menschen in meinem Umfeld. Ich danke, dir, dass du für mich eine Quelle der Hoffnung bist.

OKTOBER

17

In deiner Nähe fühle ich mich daheim. Da muss ich mich nicht verstellen. Du nimmst mich an, wie ich bin, ohne mich zu bewerten. Von dir geht etwas aus, das mir Heimat schenkt, du strahlst etwas von dem Geheimnis aus, das Heimat schafft.

18

OKTOBER

Ich fühle mich von dir verstanden. Daher verstehe ich mich in deiner Nähe selbst besser und kann zu mir stehen. Du hast die Fähigkeit, um dich einen Raum der Geborgenheit zu schaffen.

OKTOBER

19

Die Dankbarkeit bewahrt mich vor Kleinmut und Verbitterung und bringt mich näher zu Gott. Wenn ich die verschiedenen Bereiche meines Lebens anschaue, erkenne ich, wie zahlreich und vielfältig die Anlässe sind, Dankbarkeit zu empfinden.

20

OKTOBER

Ich möchte dich teilhaben lassen an den Gedanken und Gebeten, die bei meinem Nachsinnen in mir auftauchen.

OKTOBER

21

Guter Gott, ich danke dir für alles, was du mir in meinem Leben geschenkt hast. Du hast mich geschaffen und gebildet. Du hast über mich ein Wort gesprochen, das nur für mich gilt. Du hast mich als einmaligen und einzigartigen Menschen geformt.

22

OKTOBER

Du hast mir viele Fähigkeiten geschenkt: Kraft, Ausdauer, Geduld, Verstand, Liebe und Freude. Du hast mich in meinem Leben geführt und geleitet.

OKTOBER

23

Auch wenn ich dich nicht oft gespürt habe, so kann ich jetzt im Rückblick feststellen, dass du mich nie verlassen hast, dass du auch auf schwierigen Wegstrecken bei mir warst und Irrwege in gangbare Wege verwandelt hast.

24 OKTOBER

Ich danke dir, dass du mich bedingungslos annimmst, dass deine schützenden und segnenden Hände mich nie verlassen, sondern mich überall begleiten.

OKTOBER

25

Ich danke dir für die Worte, die du zu mir gesprochen hast, für die Worte des Lebens, die ich in der Bibel finde. In diesen Worten habe ich das Gefühl, dass du mich ganz persönlich ansprichst, etwa wenn du bei Jeremia sagst: „Mit ewiger Liebe habe ich dich geliebt“ (Jer 31,3).

26

OKTOBER

Ich danke dir, dass du mich aushältst, auch wenn ich mich selbst nicht aushalte, dass du mich annimmst, auch wenn es mir schwerfällt, Ja zu mir zu sagen.

OKTOBER

27

Wenn ich durch die Schöpfung gehe, bin ich voller Dankbarkeit für die Schönheit der Schöpfung. Die Schöpfung erinnert mich immer an den Schöpfer. Und so richtet sich mein Dank für die Schöpfung an den Schöpfer.

28 OKTOBER

Wenn ich durch die Natur gehe, sehe ich vieles, für das ich dankbar bin, für die Sonne, die mich wärmt, für den Wind, der mich erfrischt und manchmal sanft streichelt, für die Kühle des Waldes, in dem ich mich geborgen fühle, für die wunderbaren Berge, die ich bewundere, wenn ich auf einen Gipfel gestiegen bin.

OKTOBER

29

Dann schaue ich voller Dankbarkeit ringsumher. Ich kann mich dann gar nicht sattsehen an der Schönheit der Landschaft. Und ich spüre den Frieden, der von ihr ausgeht.

30

OKTOBER

Dann freue ich mich, dass Gottes gute Schöpfung mich umgibt mit ihrer Lebendigkeit, mit ihrer Schönheit, mit ihrem Frieden.

OKTOBER

31

Unser Leben gelingt nur, wenn wir immer wieder erleben dürfen: Gott wendet mir sein freundliches Angesicht zu. Ich bin angesehen. Ich bin wahrgenommen. Ich bin geliebt. Im Segen begegnen wir dem mütterlichen Gott.

DER HIMMEL IST IN DIR

Wer Schätze des Himmels sammelt, der kann voller Vertrauen leben. Er muss diese Schätze nicht bewachen. Denn sie sind in ihm, in seinem inneren Himmel. Dort sind sie gut aufbewahrt und geschützt. Und dort ist auch sein Herz. Und sein Herz kann sich über diese Schätze des Himmels freuen und sie genießen.

NOVEMBER

NOVEMBER

1

Weisheit bedeutet nicht: viel wissen, sondern tiefer schauen, in die Abgründe der Welt und der Seele des Menschen schauen, um das Geheimnis Gottes und des Menschen zu ergründen.

2 NOVEMBER

Die Weisheit vergoldet das Leben. Wer weise ist, der erkennt in allem den goldenen Glanz. Er sieht die Welt in ihrer Schönheit, wie sie Gott geschaffen hat. Und er versteht die tiefsten Zusammenhänge des Lebens. Die Märchen erzählen uns von dieser Weisheit, die die Tiefen der menschlichen Seele erkennt.

NOVEMBER

3

Die Schätze der Natur erlebe ich aber nicht nur im Schauen, Staunen und Bewundern, sondern auch im Erleben. Eine wichtige Erfahrung, die ich in der Natur mache, ist das Getragensein von ihr. Die Natur hat etwas Mütterliches. Sie trägt mich.

4

NOVEMBER

Die Natur bewertet nicht. Ich werde nicht beurteilt, ob ich gut oder schlecht bin oder ob ich alles richtig gemacht habe. In der Natur darf ich einfach sein.

NOVEMBER

5

Alles wird zum Bild für uns. In allem können wir das Gold unseres Lebens herausweben. Wir brauchen nur den staunenden Blick. Und wir brauchen das kontemplative Schauen. Es geht darum, so zu schauen, dass ich mit dem Geschauten eins werde.

6 NOVEMBER

Dann entdecke ich in allem, was ich schaue, mich selbst und das Geheimnis meines Lebens. Und ich entdecke in allem Gottes unendliche, sanfte Hand, die mich hält, wenn ich falle.

NOVEMBER

7

Die fallenden Blätter erinnern mich an meine eigene Endlichkeit. Aber sie macht mir keine Angst. Vielmehr laden mich die Blätter ein, mich jetzt schon loszulassen, mein Ego, das ich immer festklammern möchte, loszulassen.

8

NOVEMBER

Jetzt fühle ich mich von Gottes unendlich sanfter Hand gehalten und getragen. Und der Tod macht mir keine Angst mehr. Denn das, was ich jeden Abend einübe, mich in Gottes Hände hinein loszulassen, um darin Schutz und Geborgenheit zu finden, das wird im Tod auf neue Weise Wirklichkeit.

NOVEMBER

9

Die Frage ist, wie und wo wir Gott spüren können. Wir können die Erfahrung Gottes nicht erzwingen. Sie ist immer ein Geschenk. Aber es braucht bestimmte Bedingungen, damit dieses Geschenk auch bei uns ankommen kann.

10 NOVEMBER

Ein Weg ist die Aufmerksamkeit und Offenheit. Ich betrachte die Natur mit offenen Augen. Ich sehe nicht nur das Äußere, sondern ich schaue tiefer.

NOVEMBER

11

Dann erkenne ich in allem Gott. Gott durchdringt die Natur. Gott spricht zu mir durch alles, was mir begegnet. Alles kann zum Symbol für Gott werden.

12

NOVEMBER

So hat es auch Jesus gesehen, wenn er sich mit verschiedenen Bildern bezeichnet: als Tür, als Wasser des Lebens, als Brot, das vom Himmel herabkommt, als den wahren Weinstock.

NOVEMBER

13

In allem, was wir schauen, schauen wir letztlich das Geheimnis Gottes. Und in allem können wir Gott wahrnehmen. Wenn wir uns in den Wind stellen, können wir uns vorstellen, dass Gott uns zärtlich streichelt.

14 NOVEMBER

Wenn wir uns von der Sonne wärmen lassen, können wir uns vorstellen, dass Gottes Liebe den ganzen Leib durchdringt. Wenn wir zum Sternenhimmel aufschauen, erahnen wir etwas von der Erhabenheit und unendlichen Größe Gottes. In allem umgibt uns Gottes liebende und heilende Gegenwart.

NOVEMBER 15

Wenn wir so durch die Welt gehen, fühlen wir uns überall und immer von Gottes Liebe umhüllt. Die Nähe Gottes, die uns umgibt, befreit uns von der uns oft bedrängenden Nähe von Menschen, die uns nicht guttun, oder von Menschen, die ständig Erwartungen an uns haben.

16 NOVEMBER

Da werde ich dann für immer von Gottes sanften Händen aufgefangen. Ich werde nicht ins Leere fallen, sondern in Gottes väterliche und mütterliche Hände hinein.

NOVEMBER

17

Gott ist aber auch der Schatz in unserem Inneren. Gott ist nicht nur der Schöpfer, der die ganze Welt geschaffen hat und sie mit seinem Geist durchdringt. Er wohnt auch in uns.

18

NOVEMBER

Wenn wir in uns hineinhorchen, dann stoßen wir nicht nur auf die eigenen Gedanken und Gefühle, auch nicht nur auf das wahre Selbst.

NOVEMBER

19

Gott oder Jesus Christus auf dem Grund unserer Seele, das ist der eigentliche Schatz, das ist das wertvolle Gold, das wir in uns tragen und das uns vergoldet. Gott, der auf dem Grund meiner Seele wohnt, ist allerdings unverfügbar.

NOVEMBER

20

Ich kann Gott nicht besitzen. Es ist ein Geheimnis, dass er in mir Wohnung genommen hat. Aber die Tatsache, dass ich um Gottes Wohnen in mir weiß, verwandelt mein Selbstgefühl.

NOVEMBER

21

Ein Schiff sehnt das Meer herbei, denn es ist seine Bestimmung, im Meer zu fahren. Ein Schiff ohne Meer ist kein Schiff.

22

NOVEMBER

Ähnlich ist es mit der menschlichen Seele: Die Seele sehnt ihre Bestimmung herbei. Ihre Bestimmung ist es, mit Gott eins zu werden.

NOVEMBER

23

Gott ist schon auf dem Grund der Seele. Das Suchen selbst ist der goldene Grund, der die Seele vergoldet. Der Mensch ist wesentlich einer, der sich nach Gott sehnt.

24 NOVEMBER

Gott können wir oft nicht spüren. Aber die Sehnsucht können wir spüren. Die Sehnsucht ist die Spur, die Gott in unser Herz gegraben hat.

NOVEMBER

25

Wenn ich mit Sehnsucht in eine Landschaft schaue, so sehe ich in der Landschaft die Geborgenheit und Heimat, die sie schenkt, das Eingebettetsein in die Schöpfung.

26

NOVEMBER

Da wird auf einmal Schönheit sichtbar und in der Schönheit der Landschaft etwas von der Schönheit an sich, von der Schönheit, die ein Attribut Gottes ist.

NOVEMBER

27

Die Erfahrung der Erfüllung ist für die Seele ebenfalls wichtig: Die Seele braucht Orte, an denen sie genießen kann, an denen sie das Einswerden erfährt mit Gott, mit allem was ist.

28

NOVEMBER

Aber die Seele braucht auch die Sehnsucht, damit sie weitergeht. Denn die Einheit, die sie manchmal erspürt, bleibt nicht. Sie entschwindet ihr immer wieder.

NOVEMBER

29

Völlig eins mit Gott wird die Seele erst im Tod werden. Solange sie hier lebt, braucht sie die Sehnsucht, dass sie weiterwandert auf dem inneren Weg.

30

NOVEMBER

Die Sehnsucht ist wie das Brot, das vom Himmel kommt, um die Seele auf ihrem Weg von den irdischen Niederungen zur Höhe des Himmels zu nähren und zu stärken.

DEZEMBER

ZEICHEN DER HOFFNUNG

Als Zeit des Wartens sollte der Advent eine Zeit der Stille sein. Es wird früher dunkel, die Abende werden länger, draußen wird es kälter. Die Jahreszeit lädt schon von sich aus ein, sich den Ahnungen des Herzens zu stellen, nach innen zu horchen und sich Zeit für Gott zu gönnen.

DEZEMBER

1

In der ersten Adventswoche geht es darum, aus der Hektik in die Ruhe zu kommen. Wenn wir das Ankommen Jesu feiern wollen, müssen wir zuerst einmal bei uns selbst ankommen. Wir müssen – wie die erste Kerze es ausdrückt – mit uns selbst eins werden und mit uns in Einklang kommen. Nur dann werden wir fähig, mit Christus eins zu werden.

2 DEZEMBER

Advent ist auch die Zeit, bei sich selbst anzukommen, zur Ruhe zu kommen und in die eigene Mitte zu gelangen. Wenn wir bei uns selbst angekommen sind, kann auch das Wort Gottes bei uns ankommen und unser Herz berühren.

DEZEMBER

3

Es wäre eine gute Übung in der Adventszeit, wenn wir uns öfter einmal still hinsetzen, bewusst gar nichts tun, sondern einfach in uns hineinhorchen und uns fragen: Worauf warte ich eigentlich? Wonach sehne ich mich? Was könnte mein Leben erfüllen? Was fehlt mir?

DEZEMBER

4

Gut wäre es, wenn wir bewusst einmal nachts dafür aufstehen würden, um zu wachen, Christus entgegenzuwachen, auf ihn zu warten, so wie es im Psalm 130 heißt: „Meine Seele wartet auf den Herrn, mehr als die Wächter auf den Morgen."

DEZEMBER

5

Im Advent feiern wir bewusst vier Wochen lang unsere Sehnsüchte. Indem wir sie feiern, bekommen sie eine positive Funktion. Wir brauchen unsere Sehnsüchte nicht zu verdrängen, wir brauchen nicht in Enttäuschung und Resignation zu fallen.

6 DEZEMBER

Im Advent stellen wir uns der Realität und zugleich unseren Sehnsüchten, die die Wirklichkeit unseres Lebens übersteigen. Wir bekennen, dass unsere Sehnsucht so groß ist, dass sie uns nichts und niemand erfüllen kann.

DEZEMBER

7

In der Adventszeit stellen wir uns bewusst unseren unbefriedigten Bedürfnissen und Wünschen. Wir schauen über den Zaun unseres Lebens. Der Blick in das Land der Verheißung lässt in uns die Sehnsucht wachsen auszuziehen und uns nicht im Vertrauten und Bekannten für immer einzurichten.

8 DEZEMBER

In der Adventszeit hören wir die Verheißungen Gottes, wie sie uns die Propheten überliefert haben. Da wird uns verkündet, dass Wasser mitten in der Wüste aufbrechen, dass die Schwerter zu Pflugscharen umgeschmiedet werden und der Wolf und das Lamm, der Panther und die Ziege friedlich beisammenwohnen werden.

DEZEMBER

9

Das sind keine frommen Illusionen, in die uns die Propheten einlullen wollen. Es sind vielmehr Träume, in denen wir unsere eigenen Möglichkeiten entdecken. Es sind die Träume Gottes von uns. Und wir träumen uns im Advent in Gottes Träume von uns hinein, um unsere eigenen Möglichkeiten mehr und mehr zuzulassen.

10 DEZEMBER

So spüren wir, wozu wir fähig sind. Wenn Gott kommt, dann wird die Wüste in unserem Herzen erblühen, dann wird mitten in unserer Leere und in unserer Dürre ein Quell aufbrechen und uns lebendig machen.

DEZEMBER

11

Die zweite Adventswoche ist geprägt von der Sehnsucht, unsere eigenen Wurzeln zu entdecken und mit ihnen wieder in Berührung zu kommen. Viele Menschen fühlen sich heute wurzellos und entwurzelt. Sie leben nicht aus den Wurzeln ihrer Vorfahren und auch nicht aus den Wurzeln des Glaubens.

12

DEZEMBER

Die Rituale, die wir in der Adventszeit praktizieren, möchten uns mit den Wurzeln unserer Vorfahren verbinden. Denn sie haben mit diesen Ritualen ihr Leben gemeistert und sind mit ihnen durch schwierige Zeiten vertrauensvoll und hoffnungsvoll hindurchgegangen.

DEZEMBER

13

In der Adventszeit haben wir in unserem Kloster zum Beispiel vor dem Abendessen am Samstag das Ritual, dass der Speisesaal ganz dunkel ist und nur die Kerzen am Adventskranz brennen. Dann singt der Kantor den adventlichen Ruf „Rorate coeli desuper – Tauet, Himmel, von oben", und alle wiederholen diesen Vers voller Sehnsucht nach dem Einbrechen Gottes in unsere Welt.

14 DEZEMBER

Dann ist für mich Advent. Das Ritual ruft all die Erinnerungen in mir wach, die ich seit meiner Kindheit mit der Adventszeit verbinde. Es bringt mich in Berührung mit der Freude über den Advent und über das Kommen Jesu in meinen Alltag, in mein Herz.

DEZEMBER

15

In der dritten Adventswoche geht es um das Licht. In der Finsternis unseres Lebens sehnen wir uns nach dem Licht und nach Erleuchtung: Das Dunkle in uns möge hell werden.

16 DEZEMBER

Das Licht des Glaubens möge uns jetzt in der dunklen Zeit begleiten, damit wir alles im Licht Jesu sehen. So kann uns klar werden, worum es in unserem Leben geht. Der Glaube selbst ist ein Licht, das uns erhellt. Es lässt uns durch den äußeren Schein hindurch auf den Grund aller Dinge schauen.

DEZEMBER

17

Und auf dem Grund aller Dinge werden wir im Licht des Glaubens Gott selbst erkennen, den menschgewordenen Gott, der in allem ist und wirkt.

18

DEZEMBER

Die Adventszeit ist die Zeit, sich nach Heilung der Wunden zu sehnen. Wir sehnen uns danach, dass wir an Weihnachten eine heile Familie erleben dürfen. Wir hoffen, dass die Verletzungen, die im Laufe des Jahres geschehen sind, uns nicht daran hindern, miteinander achtungsvoll umzugehen und Frieden zu erleben.

DEZEMBER

19

Die Kerzen, die wir in der Adventszeit anzünden, bringen nicht nur Licht in unsere Dunkelheit, sondern auch Wärme in unser Herz. So wäre es eine gute Übung für die Adventszeit, wenn wir uns vor eine brennende Kerze setzen und einfach in die Flammen schauen.

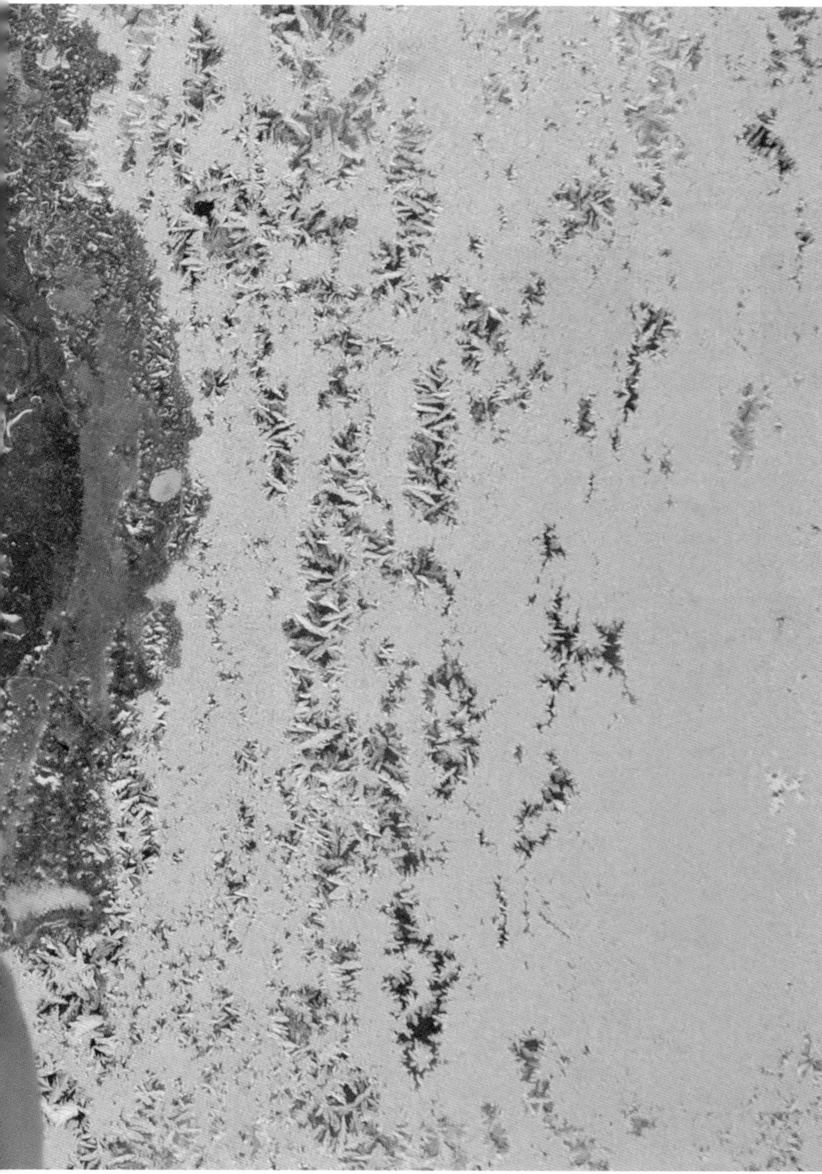

20 DEZEMBER

Wenn ich das flackernde Licht der Kerze auf mich wirken lasse, dann tauchen viele Sehnsüchte in mir auf, Sehnsucht nach Liebe, nach Wärme, nach Heimat. Manche Sehnsucht ist mit Erfahrungen der Kindheit verbunden.

DEZEMBER

21

Aber trotzdem ist sie nicht nach rückwärts gerichtet, sondern sie geht in die Zukunft. In der Kindheit sind nur die Ahnungen von einem erfüllten Leben unverborgener hervorgetreten. Im Licht der Kerze steigen sie wieder hoch.

22

DEZEMBER

Der Advent sagt mir, dass meine Sehnsüchte keine Illusionen sind, sondern eine Welt verheißen, in der das Licht Gottes Wärme und Liebe verbreitet, in der ich wahrhaft daheim sein kann, in der eine Blume aufblüht „mitten im kalten Winter wohl zu der halben Nacht“.

DEZEMBER

23

Auch die Rituale, mit denen wir im Kloster Weihnachten feiern, sind jedes Jahr die gleichen. Das ist keine Routine, es erspart uns vielmehr den Leistungsdruck, uns jedes Jahr an Weihnachten mit neuen Einfällen überbieten zu müssen. Die Rituale verleihen der Zeit den festlichen Charakter, sie lassen das Geheimnis von Weihnachten aufleuchten.

24

DEZEMBER

Die Geburt Christi hat eine Auswirkung auf uns, sie hat uns vergöttlicht. Und so feiern wir an Weihnachten das Fest unseres neuen Anfangs. Unsere Sehnsüchte gehen letztlich auf die Vergöttlichung des Menschen.

DEZEMBER

25

Wenn Gott selbst kommt und uns vergöttlicht, dann ist unsere Ahnung erfüllt worden, dass es doch eine Liebe geben muss, die keine Grenzen kennt, dass es doch eine Heimat geben muss, in der wir für immer daheim sein können, dass doch das Licht endgültig alle Dunkelheit und Kälte vertreiben wird. An Weihnachten feiern wir die Erfüllung unserer Sehnsüchte.

26

DEZEMBER

Wir feiern die Geburt Christi in Bethlehem, um daran glauben zu können, dass in uns göttliches Leben ist. Ohne dieses Fest würden wir das göttliche Leben in uns übersehen.

DEZEMBER

27

Wir besingen das göttliche Kind in der Krippe, um in uns selbst die Möglichkeiten eines Kindes zu entfalten: das Spontane und Unverfälschte, die Lebendigkeit und Echtheit, das Unverbrauchte und Unverdorbene.

28

DEZEMBER

Der Mensch kann die Gottesgeburt nicht mit eigenen Mitteln hervorrufen. Es ist das Werk Gottes selbst. Indem wir die Geburt Christi an Weihnachten feiern, können wir etwas davon erahnen, dass er auch in uns geboren werden will.

DEZEMBER

29

Wir können von diesem Geheimnis etwas erahnen, wenn wir uns an Weihnachten einmal still vor das Bild der Krippe hinsetzen, das Bild in uns aufnehmen und uns vorstellen: Dort, wo weder meine Gedanken noch mein Wollen und Planen hinreichen, da ist die Krippe in mir, in der das göttliche Kind liegt.

30 DEZEMBER

Wenn Gott wie ein Kind in uns wohnt, dann geht etwas von dem Geheimnis eines Kindes auf uns über. Wir werden ganz still, ganz behutsam und zärtlich. Wir entdecken in dem Kind unser eigenes unverstelltes Wesen und vielleicht spüren wir einen tiefen Frieden in uns, wenn wir schweigend mit uns eins geworden sind.

DEZEMBER

31

Wenn wir vertrauen, dass alles, was wir in die Hand nehmen und was uns in die Hand gelegt wird, von Gottes Segen umfangen ist, dann gehen wir getrost und voller Vertrauen in das neue Jahr.

QUELLENVERZEICHNIS

Fotos (chronologisch)

Januar: © Leonid Tit/Fotolia, © styf/Fotolia, © pwollinga/Fotolia, © Leonid Ikan/Fotolia, © Henrik Larsson/Fotolia, © pwollinga/Fotolia, © Tomas Sereda/Fotolia, © Leonid Tit/Fotolia, © Zhiqiang Hu/Fotolia, © 9comeback/Fotolia, © kotafoty/Fotolia, © percent/Fotolia, © jeancliclac/Fotolia, © LianeM/Fotolia, © irisphoto1/Fotolia, © Stefan Körber/Fotolia, © heiphoto/Fotolia

Februar: © merydolla/Fotolia, © Horváth Botond/Fotolia, © monropic/Fotolia, © Eric Gevaert/Fotolia, © Galyna Andrushko/Fotolia, © Liliia Rudchenko/Fotolia, © Narongsak Yaisumlee/Shutterstock, © kesipun/Shutterstock, © byheaven/Fotolia, © Dmitry Sunagatov/Fotolia, © hassan bensliman/Fotolia, © Samot/Shutterstock, © keller/Fotolia, © Santorini/Fotolia, © kasto/Fotolia, © kevinsday/Fotolia

März: © Leonid Tit/Fotolia, © Sergey Tokarev/Fotolia, © Philipp Wininger/Fotolia, © rgbspace/Fotolia, © jojjik/Fotolia, © Sergey Tokarev/Fotolia, © anastasios71/Fotolia, © Sura Nualpradid/Fotolia, © Bernd S./Fotolia, © 9comeback/Shutterstock, © Tomas Sereda/Fotolia, © paul prescott/Fotolia, © ferretcloud/Fotolia, © jojjik/Fotolia, © sborisov/Fotolia, © coloursinmylife/Shutterstock, © Africa Studio/Fotolia

April: © Dudarev Mikhail/Fotolia, © frenk58/Fotolia, © Sukharevskyy Dmytro (nevodka)/Shutterstock, © Stuart Monk/Shutterstock, © bilderbox/Fotolia, © styleuneed/Fotolia, © Nikolai Sorokin/Fotolia,

© jojjik/Fotolia, © petunyia/Fotolia, © http://wakenphotography.piczo.com/Fotolia, © Omarotto/Fotolia, © Waj/Shutterstock, © Mariia Pazhyna/Fotolia, © dfikar/Fotolia, © luchschen/Fotolia, © Oleksandr Kotenko/Fotolia

Mai: © Brian Jackson/Fotolia, © Jakob Radlgruber/Fotolia, © mauli/Fotolia, © khubicek/Fotolia, © vovan/Fotolia, © vovan/Fotolia, © jojjik/Fotolia, © Smileus/Fotolia, © Netzer Johannes/Fotolia, © Bianka Hagge/Fotolia, © GIS/Fotolia, © Artur Synenko/Fotolia, © Samantha ROCHE/Fotolia, © Alexandr Ozerov/Fotolia, © Artur Synenko/Fotolia, © wajan/Fotolia, © wajan/Fotolia

Juni: © Leonid Tit/Fotolia, © styleuneed/Fotolia, © svedoliver/Fotolia, © Santhosh Kumar/Fotolia, © dzain/Fotolia, © kesipun/Shutterstock, © Oleksandr Dibrova/Fotolia, © Serg64/Shutterstock, © Uzi Tzur/Fotolia, © Leonid Tit/Fotolia, © Alexander Horejs/Fotolia, © SVLuma/Fotolia, © vencav/Fotolia, © dampoint/Fotolia, © Svetlana Wall/Fotolia

Juli: © gunnar3000/Fotolia, © Sunny Forest/Fotolia, © jojjik/Fotolia, © wajan/Fotolia, © ferretcloud/Fotolia, © rparys/Fotolia, © Yahya Idiz/Fotolia, © steheap/Fotolia, © motorlka/Fotolia, © Mellimage/Fotolia, © Mykola Mazuryk/Fotolia, © Rico K/Fotolia, © ohishiftl/Fotolia, © Kushch Dmitry/Fotolia, © Horváth Botond/Fotolia, © wajan/Fotolia, © Gerhard Wanzenböck/Fotolia

August: © europhotos/Fotolia, © DAN/Fotolia, © Jean-Jaques Cordier/Fotolia, © LianeM/Fotolia, © StevanZZ/Shutterstock, © Beboy/Fotolia, © MC_PP/Shutterstock, © PHB.cz (Richard Semik)/ Shutterstock, © mimadeo/Fotolia, © lamio/Fotolia, © lamio/Fotolia, © lamio/Fotolia, © PHB.cz(Richard Semik)/Shutterstock, © Leonid Tit/Fotolia, © Tramont_ana/Shutterstock, © Leonid Tit/Fotolia, © archana bhartia/Shutterstock

September: © gudrun/Fotolia, © Mauro Di Lalla/Fotolia, © WDG Pjoto/Shutterstock, © Iakov Kalinin/Fotolia, © Kevin/Fotolia, © apiguide/Shutterstock, © Dimitri Christoprudov/Fotolia, © Wesley Cowpar/Shutterstock, © Beboy/Fotolia, © Leonid Tit/Fotolia, © chesterF/Fotolia, © kesipun/Fotolia, © Tilio & Paolo/Fotolia, © jeka84/Shutterstock, © Ivan Gulei/Fotolia, © Sergiy Serdyuk/ Fotolia

Oktober: © Mirko/Fotolia, © Claus Schlüter/Fotolia, © petra b./ Fotolia, © jovica antoski/Fotolia, © Bernd S./Fotolia, © Christopher Meder/Fotolia, © Leonid Tit/Fotolia, © Jenny Sturm/Fotolia, © sborisov/Fotolia, © Kushnirov Avraham/Fotolia, © Kavita/Fotolia, © Michal Durinik/Shutterstock, © Kwest/Fotolia, © silver-john/ Fotolia, © ondrej83/Fotolia, © Leonid Tit/Fotolia, © alinamd/Fotolia

November: © Gina Sanders/Fotolia, © jojjik/Fotolia, © Dudarev Mikhail/Fotolia, © Oleksandr Kotenko/Fotolia, © Sukharevskyy Dmytro (nevodka)/Shutterstock, © Christian Deppisch/Fotolia,

Texte

Die Texte sind entnommen aus den folgenden Veröffentlichungen von Anselm Grün:
Auf der Suche nach dem inneren Gold; Auf dem Wege zu einer Theologie des Wanderns; Dankeschön; Das Geheimnis der Begegnung; Die Osterfreude auskosten; Du bist ein Engel für mich; Du bist ein Segen; Fasten – Beten mit Leib und Seele; Fasten – Der Weg nach Innen; Heilendes Kirchenjahr; Lebens Freude; Neu beginnen; Schenk deiner Seele Zeit; Verschenke dein Herz; Wage den Neuanfang; Wege in die Stille; Zeit der Erfüllung.

Bibliografische Informationen der Deutschen Nationalbibliothek
Die Deutsche Nationalbibliothek verzeichnet diese Publikation in der Deutschen Nationalbibliografie; detaillierte bibliografische Daten sind im Internet über http://dnb.d-nb.de abrufbar.

Besuchen Sie uns im Internet:
www.st-benno.de

Gern informieren wir Sie unverbindlich und aktuell auch in unserem Newsletter zum Verlagsprogramm, zu Neuerscheinungen und Aktionen. Einfach anmelden unter www.st-benno.de.

ISBN 978-3-7462-3957-6 Umschlagmotiv: © LianeM/Fotolia (Abtei Notre Dame de Sénaque, Gordes, Vaucluse/Frankreich)
ISBN 978-3-7462-3958-3 Umschlagmotiv: © Jag_cz/Fotolia (Mohnblumen)

Umschlag und Gestaltung: Ulrike Vetter, Leipzig
Gesamtherstellung: Arnold & Domnick, Leipzig (A)